tout en DOC

La Préhistoire et l'Antiquité

cycle 3

Geneviève Chapier-Legal
Directrice d'école

Youenn Goasdoué
Directeur d'école d'application

Hélène Lestonnat
Professeure des écoles

Amélie Veaux
Illustratrice

8, RUE FÉROU 75278 PARIS CEDEX 06
WWW.EDITIONS-BELIN.COM

Belin
ÉDITEUR INDÉPENDANT
DEPUIS 1777

SOMMAIRE

La Préhistoire

L'Antiquité

 ISBN 978-2-7011-6554-7

L'Antiquité (suite)

1

Les premiers hommes

Image extraite de *L'Odyssée de l'espèce*, téléfilm de J. Malaterre, 2003

DÉCOUVRE

- Qui sont les premiers hommes ?
- Où ont-ils vécu ?
- Comment vivaient-ils ?

Les premières traces de vie

Reconstitution de la tête de Toumaï

Doc 1 Le crâne de Toumaï

Ce crâne **fossile** a été découvert au Tchad en 2002. Il appartient à l'un des plus anciens ancêtres humains connus à ce jour : il a vécu il y a 7 millions d'années. Cet **hominidé** mesurait un mètre et pesait 35 kg.

1 Cherche où se trouve le Tchad.

2 En observant Toumaï, cherche les différences et les ressemblances avec l'homme d'aujourd'hui.

Doc 2 L'évolution des premiers hominidés

Ces deux hominidés vivaient dans la savane africaine. L'Australopithèque, comme Lucy, dont le squelette a été découvert en 1974 en Afrique, utilisait ponctuellement la **bipédie**. L'Homo habilis, plus évolué, la maîtrisait parfaitement même si ses jambes courtes ne lui permettaient pas de marcher longtemps.

3 Quelles sont les différences entre ces deux hominidés ?

Australopithèque
– 4 à – 2,5 millions d'années

Homo habilis
– 2,5 à – 1,8 millions d'années

Doc 3 Les premiers outils

Homo habilis, c'est-à-dire « l'homme adroit », est le premier à fabriquer des outils. Il taille des pierres sur une face pour obtenir un objet tranchant : le galet aménagé. Avant lui, les Australopithèques se servaient d'outils trouvés à l'état naturel (branches, pierre, etc.).

4 À quoi un galet aménagé peut-il servir ?

Un galet aménagé

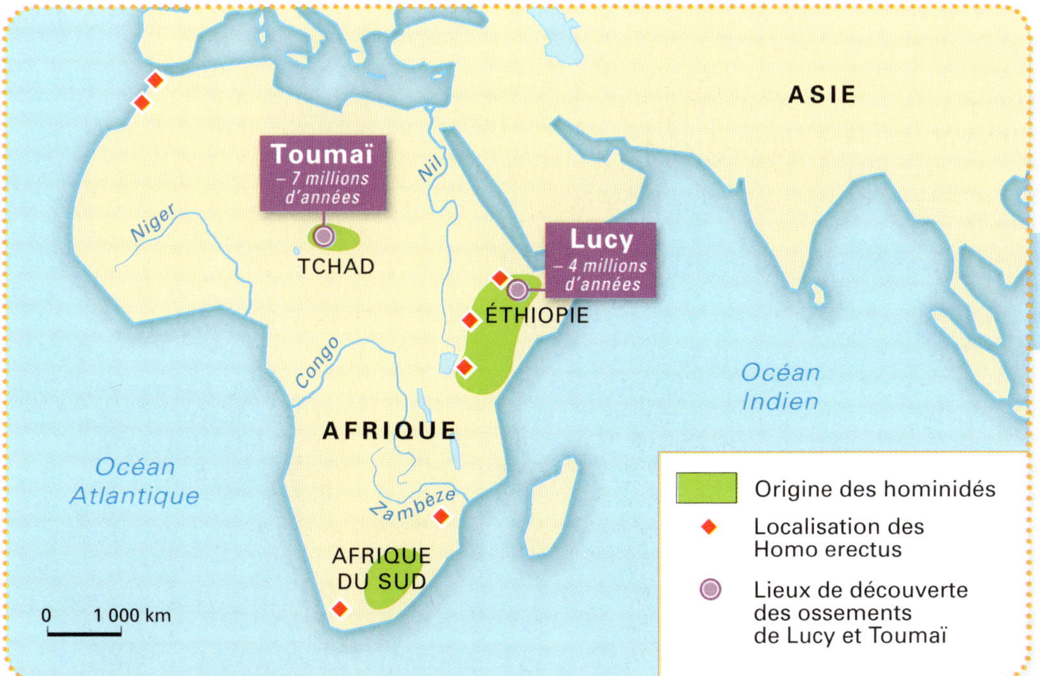

Doc 4 L'origine des premiers hommes

C'est aussi en Afrique qu'apparaît Homo erectus il y a 1,8 million d'années.

5 Quel est le plus ancien ancêtre connu de l'homme ?

À retenir

Les premiers **hominidés** ont été retrouvés en Afrique. Notre ancêtre le plus ancien est **Toumaï**, il vivait il y a **7 millions d'années.** Après lui, sont apparus les **Australopithèques** puis les **Homo habilis** qui ont été les premiers à maîtriser la **bipédie** et à fabriquer des outils.

VOCABULAIRE

Bipédie : déplacement sur deux pieds.

Fossile : reste d'un animal ou d'un végétal conservé dans une roche.

Hominidés : famille comprenant l'homme actuel et toutes les espèces fossiles qui s'y rattachent.

Les premiers hommes en Europe

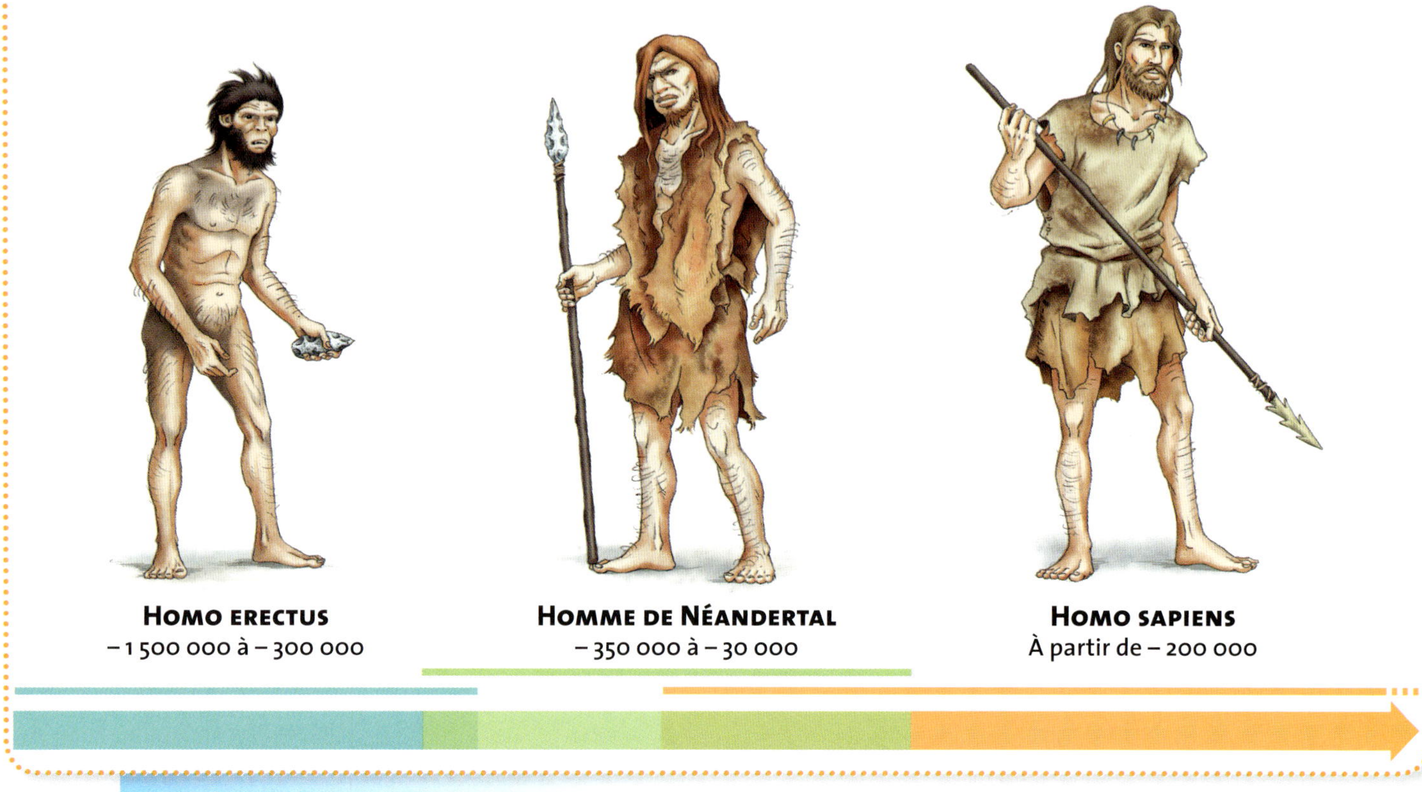

Doc 1 L'évolution de l'homme

L'Homo erectus, parti d'Afrique, est le premier homme dont on a trouvé la trace en Europe. L'homme de Néandertal est ensuite apparu, puis l'Homo sapiens, notre ancêtre direct.

1 Quels changements physiques observes-tu entre ces trois hommes ?

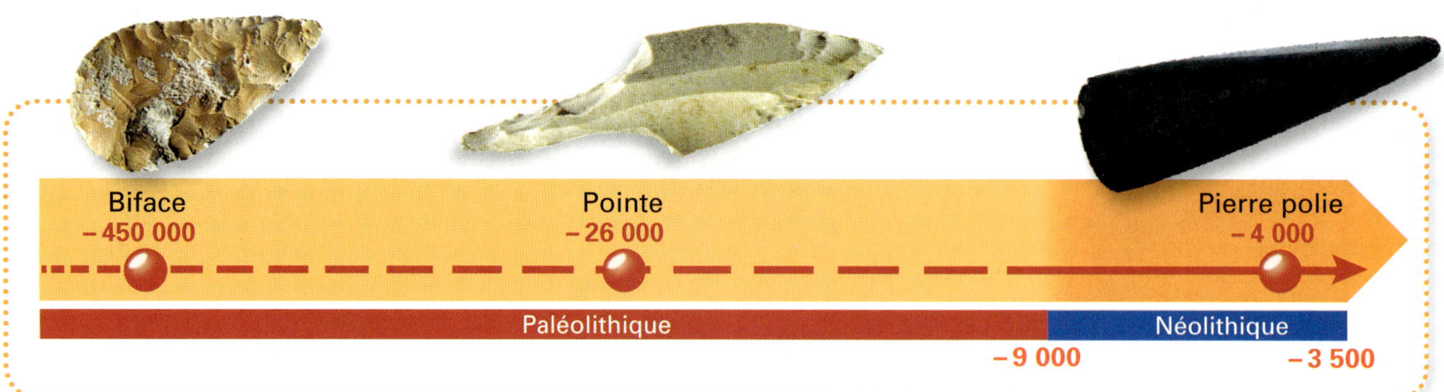

Doc 2 Le perfectionnement des outils

Utilisé dès le **Paléolithique**, le biface est une pierre taillée sur ses deux faces. Il sert à trancher. Il peut être fixé sur un manche en bois pour obtenir un outil élaboré. Au **Néolithique**, en le frottant longuement sur une roche, l'homme le transforme en une pierre polie au tranchant plus régulier et très résistant.

2 À quoi ces outils pouvaient-ils servir ?

3 Quel homme préhistorique a pu utiliser chacun de ces outils ? Aide toi du Doc 1 pour répondre.

Doc 3 La maîtrise du feu

L'Homo erectus invente les techniques d'allumage du feu environ 600 000 ans avant J.-C. En Europe, les premiers vestiges de foyers dateraient de 380 000 ans.

4 Décris les deux techniques d'allumage du feu.

5 En quoi le feu améliore-t-il la vie quotidienne des hommes ?

Doc 4 Les premiers rituels religieux

L'homme de Néandertal est le premier à enterrer ses morts dans des sépultures.

6 D'après toi, pourquoi l'homme de Néandertal enterre-t-il ses morts ?

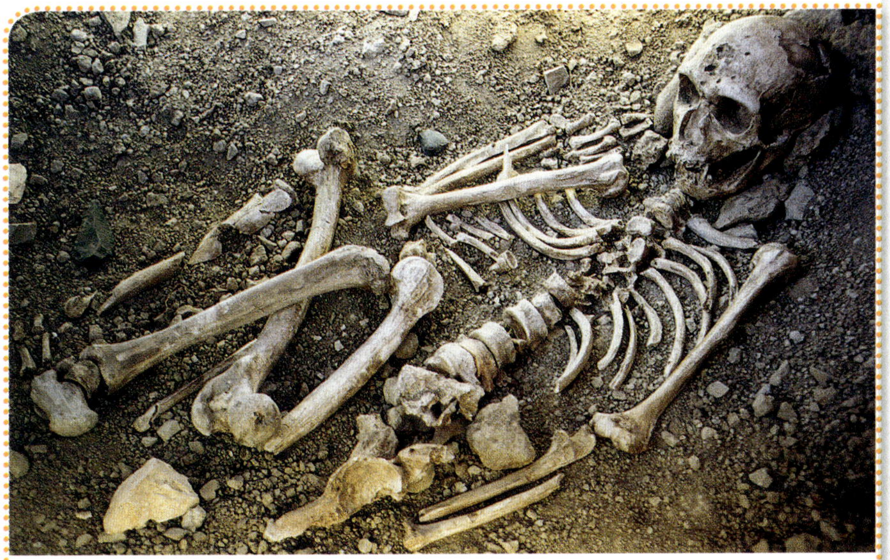

Sépulture néandertalienne de la Chapelle-aux-Saints (Corrèze)

À retenir

L'Homo erectus est le premier homme apparu en Europe. Il apprend à maîtriser le feu et fabrique des outils comme le **biface**. Ensuite, apparaît **l'homme de Néandertal** qui est le premier à **enterrer ses morts**. Enfin, notre ancêtre direct, **l'Homo sapiens**, utilise des outils plus perfectionnés grâce à la technique de la **pierre polie**.

VOCABULAIRE

Néolithique ou « âge de la pierre polie » : dernière période de la préhistoire (de 9 000 ans à environ 3 500 ans av. J.-C.).

Paléolithique ou « âge de la pierre taillée » : première période de la préhistoire allant jusqu'à 9 000 ans avant J.-C.

Les habitants de Tautavel

L'archéologue Henry de Lumley entouré de chercheurs sur le chantier de Tautavel dans les Pyrénées-Orientales, 26 juillet 2001

Doc 1 La grotte de Tautavel

Depuis presque 50 ans, le site de la grotte de Tautavel est étudié par les **archéologues**. À partir de déchets et de dizaines d'ossements retrouvés, on comprend mieux la vie des chasseurs préhistoriques de cette époque.

1 Pourquoi continue-t-on à mener des fouilles à Tautavel ?

2 Cherche dans le texte l'autre nom de la grotte de Tautavel.

« Le Centre européen de recherches préhistoriques de Tautavel a annoncé vendredi cette découverte *[une cinquième mandibule[1] d'Homo erectus européen]*, 41 ans après celle du crâne du premier homme de Tautavel, le 22 juillet 1971, par Henri de Lumley, dans cette grotte de La Caune de l'Arago. Il s'agit du crâne humain connu le plus vieux d'Europe. »

Ouest France.fr, 13 juillet 2012

1. Os de la mâchoire.

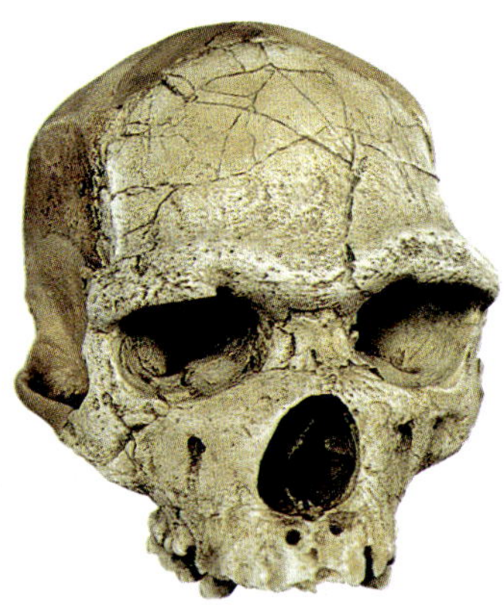

Doc 2 Crâne et reconstitution de la tête de l'homme de Tautavel

L'homme de Tautavel a vécu il y a 450 000 ans. À partir de ce crâne retrouvé en 1971, on a reconstitué son apparence probable. C'est le plus ancien hominidé découvert en France.

3 Cherche page 8 à quelle espèce appartient l'homme de Tautavel.

Doc 3 **Scène de vie des chasseurs nomades**

Habiles chasseurs, les premiers habitants de Tautavel ne connaissent pas le feu. Ils sont **nomades** et se déplacent en fonction des saisons. La grotte de l'Arago leur sert d'abri temporaire.

4 Décris les différentes activités de l'homme de Tautavel reconstituées sur ce dessin.

5 Quels outils cette espèce d'hominidés utilisait-elle ? Aide-toi du Doc 2 page 8 pour répondre.

À retenir

L'homme de Tautavel est **le plus ancien hominidé** découvert en **France**. **Nomade**, il change d'habitat en fonction de ce qu'il chasse : la grotte de Tautavel n'est pour lui qu'une étape. Les préhistoriens pensent que son passage remonte à **450 000 ans**. Ils continuent encore aujourd'hui leurs **fouilles archéologiques**.

VOCABULAIRE

Archéologue : scientifique qui étudie l'histoire de l'humanité à travers ses vestiges.

Nomade : qui n'a pas d'habitation fixe.

Atelier

Organise une fouille archéologique

À la découverte du métier d'archéologue

Des archéologues au travail

Les vestiges

Pour savoir comment vivaient les premiers hommes, les préhistoriens font appel aux archéologues, qui recherchent des traces laissées sous terre. Les vestiges mis à jour lors de fouilles peuvent être des outils, des restes de nourriture, des ossements... Conservés dans le sol, ces restes ou empreintes d'êtres vivants s'appellent des « fossiles ».

Comment s'organise une fouille ?

Le terrain de fouille est minutieusement quadrillé, car la place des objets retrouvés est une source d'information importante pour les chercheurs. De même, la profondeur d'enfouissement peut donner des indications de datation. Chaque vestige est ensuite photographié là où il a été découvert, puis emporté au laboratoire pour être étudié.

À ton tour !

Il te faut :

- un bac de sable humidifié
- des petits objets
- des outils pour creuser
- de la ficelle
- du ruban adhésif
- du papier et un crayon

1. Demande à un camarade d'enfouir des objets dans le bac (il doit aussi faire un plan pour se souvenir où il les a cachés).
2. Quadrille le bac en tendant de la ficelle à l'aide du ruban adhésif et reproduis le plan précis sur une feuille de papier.
3. Commence la fouille délicatement en dégageant le sable par couches successives.
4. Lorsque tu trouves un objet, note son emplacement sur le plan.
5. Quand le bac est vide, vérifie auprès de ton camarade que tu as bien trouvé tous les objets.

La vie des hommes préhistoriques

2

Peinture murale dans la grotte
de Pech Merle (Lot), 13 000 ans avant J.-C.

DÉCOUVRE

- **Comment connaît-on le mode de vie des hommes préhistoriques ?**
- **Quels progrès ont été réalisés au cours de la préhistoire ?**

L'apparition de l'art

Vénus de Willendorf, statuette en calcaire, 11 cm de hauteur, environ 23 000 ans avant J.-C.

Doc 1 Les sculptures

Les Vénus sont les premières sculptures préhistoriques connues. Ce sont des représentations de femmes en pierre ou en ivoire. La plus ancienne Vénus a 35 000 ans. On ignore s'il s'agit d'objets décoratifs ou religieux.

1. Décris cette Vénus. Qu'est-ce qui la caractérise ?

2. Fais une recherche pour savoir qui est Vénus.

Doc 2 Les instruments de musique

Plusieurs types d'instruments de musique ont été retrouvés dans des grottes préhistoriques (flûtes, sifflets et **racleurs**). Ces instruments sont en os d'animaux, en bois de renne ou en ivoire.

3. À quoi reconnais-tu que ces objets sont des instruments de musique ?

Fragments de flûte en os, environ 33 000 ans avant J.-C.

Doc 3 Les fresques

Il y a environ 30 000 ans, les hommes commencent à réaliser des **fresques** sur les parois des grottes. Le plus souvent, ils y représentent des animaux.

4 Pourquoi l'artiste a-t-il besoin d'une lampe ?

Réalisation d'une fresque sur la paroi d'une grotte

Propulseur dit *Le faon aux oiseaux* retrouvé dans la grotte du Mas d'Azil, bois de renne, 29,5cm, environ 15 000 ans av. J.-C.

Doc 4 Les objets du quotidien

Utilisé par les chasseurs du Paléolithique il y a 20 000 ans, le propulseur permet de lancer une flèche ou une lance avec plus de force que si on le fait à mains nues. Plusieurs de ces instruments de chasse finement décorés ont été découverts dans les grottes.

5 Cet objet est-il seulement utilitaire ?

À retenir

À la **fin du Paléolithique**, les hommes ne se préoccupent plus seulement de leur survie et **se tournent vers l'art**. Les **fresques** et les **gravures** sur les parois des grottes ainsi que les objets **sculptés** (**Vénus**, **instruments de musique**...) en témoignent.

VOCABULAIRE

Fresque : peinture déposée directement sur un mur.

Racleur : instrument de musique dont le son est produit par un frottement.

La grotte de Lascaux

La salle des taureaux, première salle de la grotte de Lascaux (Dordogne)

Doc 1 La découverte de la grotte

En 1940, quatre adolescents découvrent la grotte de Lascaux. C'est une succession de salles souterraines qui s'étendent sur 250 mètres. Elles sont reliées entre elles par des galeries et sont décorées de fresques réalisées environ 17 000 ans avant J.-C.

1. Quels sont les animaux représentés dans cette salle ?
2. Où les fresques sont-elles situées ?

La Grande Vache noire, salle de la Nef

Doc 2 Un chef-d'œuvre de l'art préhistorique

Les fresques **pariétales** sont peintes ou gravées sur les parois. La netteté du dessin et le choix des couleurs qui se confondent parfois donnent un aspect très réaliste aux sujets peints.

3. Quelles sont les techniques et les couleurs utilisées ?

Lampe de Lascaux en grès

Doc 3 Les outils pour réaliser les fresques

Des outils de gravure en pierre, en os ou en bois ainsi que des traces d'échafaudage ont été découverts dans la grotte. Dans une des galeries, on a trouvé une lampe. Pour produire de la lumière, on y brûlait de la graisse animale.

4 Quelles sont les difficultés rencontrées par les artistes de l'époque pour réaliser les fresques ?

Doc 4 Les animaux de la grotte

2 000 figures d'animaux sont représentées sur les parois de la grotte. On connaît ainsi ceux que chassaient les hommes de cette époque.

5 Parmi ces animaux, quels sont ceux encore présents en France ?

Rhinocéros

Renne

Bison

Cheval de Przewalski

Ours

Félin

Auroch

Cerf

Bouquetin

À retenir

La **grotte de Lascaux**, découverte en **1940**, est un des chefs-d'œuvre de l'**art pariétal**. Ses **parois** sont couvertes de **fresques** constituées de **dessins**, **peintures** et **gravures** réalisées il y a environ **17 000 ans.** Les artistes y ont essentiellement représenté les **animaux** de l'époque avec beaucoup de réalisme.

VOCABULAIRE

Art pariétal : art ornant les parois des grottes.

La sédentarisation des hommes

Peinture de la grotte de Tassili, 4 000 avant J.-C. (Sahara, Algérie)

Doc 1 Les débuts de l'agriculture et de l'élevage

Les hommes commencent à cultiver la terre et à pratiquer l'élevage au Moyen-Orient. Ces pratiques arrivent en Europe vers 4 000 avant J.-C. Elles bouleversent les modes de vie de l'homme qui se sédentarise.

1 À quoi voit-on que ces animaux sont domestiqués ?

Meule à grains découverte dans la grotte de Taulan (Pyrénées)

Faucille trouvée en Angleterre, environ 3 000 avant J.-C.

Doc 2 De nouveaux outils pour cultiver

Pour cultiver, l'homme du Néolithique améliore ses outils et en invente de nouveaux. La meule pour moudre les grains, l'araire pour labourer la terre, la faucille pour faucher sont ainsi créées pour répondre aux besoins des premiers agriculteurs.

2 Pourquoi l'agriculture est-elle un progrès par rapport à la cueillette ?

Doc 3 Un nouvel habitat

Les hommes de la fin du Néolithique se regroupent autour de leurs terres cultivées et de leurs troupeaux. Ils améliorent leur habitat : les premiers villages naissent et la population s'accroît rapidement.

3 Pourquoi la naissance de l'agriculture et le développement des villages sont-ils liés ?

4 À ton avis, que signifie « cité lacustre » ? Aide toi de la photographie pour répondre.

Reconstitution d'une cité lacustre à Unteruhldingen (Allemagne)

Doc 4 L'invention de la pirogue

Grâce à l'invention de la pirogue, il est désormais possible de se déplacer sur l'eau. Les premières pirogues sont constituées d'un tronc d'arbre creusé.

5 Quels avantages les hommes tirent-ils de l'invention de la pirogue ?

À retenir

En **Europe**, **vers 4 000 avant J.-C.**, on observe une **révolution** très importante dans l'histoire de l'espèce humaine : l'**agriculture** apparaît et **change le mode de vie de l'homme**. Les populations s'organisent en **villages** et s'installent durablement en un lieu. C'est ce que l'on appelle la **sédentarisation**.

VOCABULAIRE

Agriculture : culture de la terre et élevage d'animaux pour produire de la nourriture.

Sédentarisation : installation d'une population à un endroit fixe.

La métallurgie

Gobelet martelé en or,
1600 avant J.-C.

Poignard
en cuivre martelé,
2500 avant J.-C.

Doc 1 Les premiers objets en métal

Les premiers objets **martelés** en cuivre (outils, armes) ou en or (objets de luxe ou de décoration) apparaissent en Europe vers 4000 avant J.-C. Ces métaux « mous » sont faciles à transformer mais ne sont pas aussi résistants que la pierre.

1 Les premiers objets en métal ne remplacent pas tous les objets en pierre. Pourquoi ?

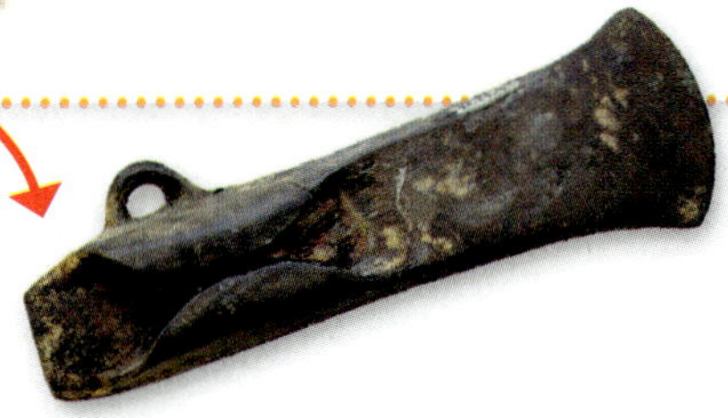

Hache en alliage de cuivre,
âge du bronze

Doc 2 Le travail du bronze

Avec l'invention du **bronze**, vers 2500 avant J.-C., et la maîtrise de la technique de la fonte du métal, les hommes peuvent fabriquer des objets beaucoup plus solides.

2 Retrouve toutes les étapes de la fabrication d'une hache par le bronzier.

Objets en fer, Ier siècle avant J.-C.

Doc 3 L'utilisation du fer

Le fer apparaît vers 800 avant J.-C. Métal très résistant, il remplace le bronze qui demeure un matériau employé pour fabriquer des objets de luxe et d'ornement.

3 Quels objets reconnais-tu ?

Doc 4 Les routes de l'étain à la fin de la préhistoire (IIe avant J.-C.)

Les plus grands gisements de métaux nécessaires à la métallurgie sont très éloignés les uns des autres. Ainsi, l'étain se trouve principalement dans le Nord de l'Europe et le cuivre autour de la Méditerranée. C'est pourquoi apparaissent en France les « routes de l'étain ».

4 Observe la carte : quels sont les modes de transport utilisés à cette époque pour acheminer les métaux ?

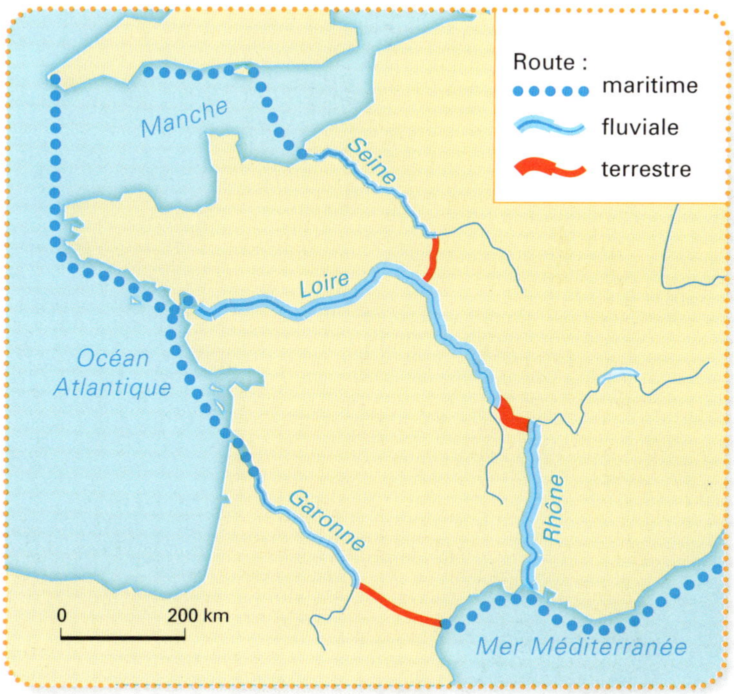

À retenir

Les premiers **objets martelés** en **cuivre** et en **or** apparaissent en Europe **vers 4 000 avant J.-C.** Ils sont **moins résistants** que la pierre. L'apparition du **bronze** puis celle du fer constituent de réels progrès. Le **développement de la métallurgie** favorise le **commerce** sur de longues distances.

VOCABULAIRE

Bronze : mélange (alliage) de cuivre et d'étain.

Martelé : façonné en frappant avec un objet lourd.

La fin de la préhistoire

Poterie néolithique, 3 000 ans avant J.-C.

Doc 1 Le développement de l'artisanat

L'évolution des techniques permet la production d'objets à l'identique. De nouveaux métiers apparaissent : potier, vannier, tisserand... Dans les villages, l'**artisanat** se développe.

1. Quels usages les hommes du Néolithique pouvaient-ils faire de cette poterie ?
2. Cherche ce qu'est un vannier.
3. Pourquoi les archéologues ont-ils trouvé beaucoup plus de poteries que de vannerie ou de tissu ?

Doc 2 Une première forme de commerce

Le développement de la métallurgie, les productions artisanales en grandes quantités et les progrès de l'agriculture favorisent le **troc**.

4. Quels sont les objets échangés dans cette scène ?
5. À ton avis, quelles différences y a-t-il entre le troc et le commerce que tu connais aujourd'hui ?

Tablette d'argile, Sumer, 4 000 ans avant J.-C.

Doc 3 La naissance de l'écriture

Les premiers écrits apparaissent vers 3 500 avant J.-C. Ces supports écrits (boules ou tablettes en argile) permettent de compter le bétail et les productions agricoles.

6 Que remarques-tu sur cette tablette en argile ? À quoi pouvait-elle servir ?

Doc 4 L'origine des premières écritures

Les premiers systèmes d'écriture sont constitués de dessins jusqu'à l'apparition du premier alphabet vers 1 000 avant J.-C.
On considère que l'apparition de l'écriture marque la fin de la préhistoire.

7 Dans quelle région l'écriture est-elle née ?

8 Classe les différents systèmes d'écriture selon leur date d'apparition.

À retenir

La **fin de la préhistoire** est caractérisée par le développement de l'**artisanat** et **la naissance du commerce**. L'écriture apparaît dans les régions autour de la Méditerranée. Pour les historiens, elle marque le passage de la préhistoire à **l'Histoire.**

VOCABULAIRE

Artisanat : ensemble des métiers techniques spécialisés.

Troc : échange d'un bien contre un autre.

Atelier

Réalise une fresque préhistorique

À la découverte d'une fresque

Artiste au travail

Les peintures pariétales

Comme tu as pu le voir pages 16-17, les hommes de la fin du Paléolithique décoraient les parois des grottes. En observant la fresque de Pech Merle page 13, tu remarques que l'artiste a dessiné un cheval et qu'il a aussi réalisé des empreintes de sa main.

Les techniques utilisées

Dans la grotte de Pech Merle, les artistes ont utilisé la technique du soufflé qui consiste à souffler des pigments (colorants utilisés pour la peinture), avec la bouche sur la paroi. Les pigments peuvent aussi être appliqués à l'aide du doigt ou de pinceaux végétaux.

Les couleurs sont obtenues avec du charbon de bois pour le noir et de l'ocre, une terre argileuse naturellement colorée, pour les teintes rouges ou brunes.

À ton tour !

Il te faut :

- du papier kraft
- des craies
- de la gouache (marron, rouge, noire)
- une brosse à dent

1. Pose ta feuille de kraft que tu auras auparavant chiffonnée sur une surface irrégulière (bitume de la cour, tronc d'arbre, etc.).
2. Colorie légèrement la feuille à l'aide des craies.
3. Dilue la gouache avec de l'eau.
4. Pose une main sur la feuille en écartant les doigts. Projette dessus la gouache diluée en écrasant les poils de la brosse à dent avec le pouce de ton autre main.
5. Quand elle est recouverte de peinture, retire ta main. Tu obtiens une empreinte qui ressemble à celle de la grotte de Pech Merle.

3 Les Gaulois

Poterie sigillée, IIIe siècle, Lezoux (Puy-de-Dôme)

Découvre

- Qui étaient les Gaulois ?
- Comment vivaient-ils ?
- Quelles traces nous ont-ils laissées ?

Le peuplement de la Gaule

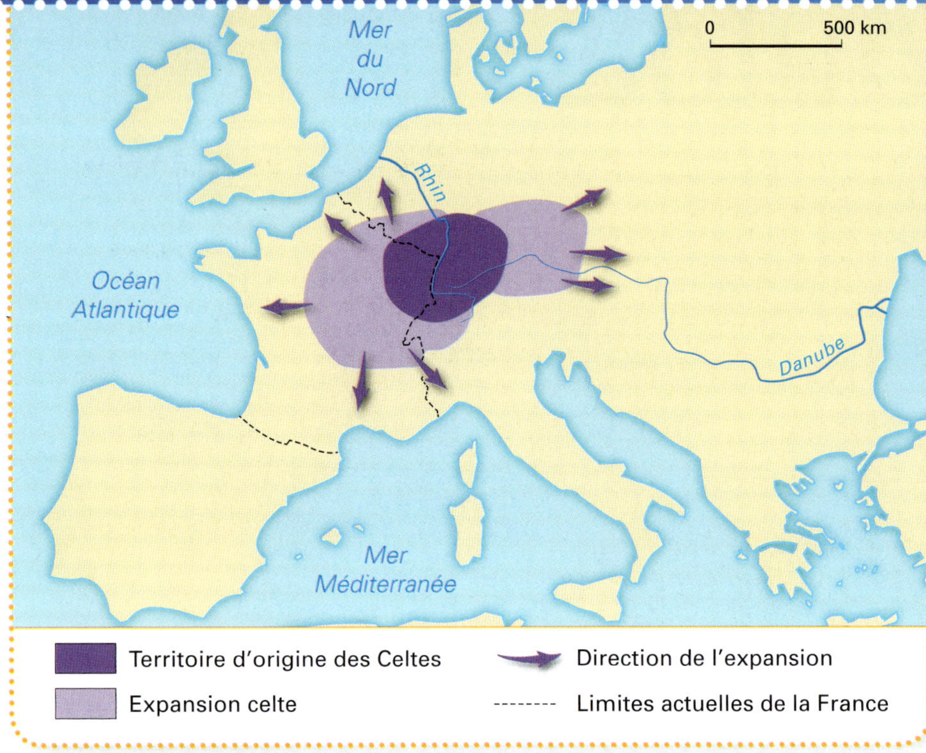

Doc 1 L'arrivée des Celtes en Europe de l'Ouest

À partir du VIIe siècle avant J.-C., par vagues successives, les Celtes, des peuples venus du centre de l'Europe, s'installent progressivement sur tout le territoire. Ils se mêlent aux populations déjà en place et imposent leurs modes de vie.

1 D'où viennent les Celtes ?

Doc 2 Les principales tribus celtes en Gaule (121 avant J.-C.)

La Gaule celtique est composée de plus de 80 **tribus**. Chacune possède son chef et son organisation. Parfois, ces tribus se font la guerre.

2 Cite trois tribus gauloises, une du centre, une du nord, une installée près de la côte atlantique.

Doc 3 Des monnaies différentes

Les nombreuses pièces de monnaie retrouvées indiquent la présence de tribus ayant chacune leur propre système économique.

3 Retrouve où vivaient les tribus auxquelles appartiennent ces pièces en t'aidant de la carte du Doc 2.

Pièce de monnaie allobroge

Pièce de monnaie séquane

Pièce de monnaie vénète

Pièce de monnaie parisii

Doc 4 La fondation de Marseille par les Grecs

Massalia, aujourd'hui Marseille, est fondée par les Phocéens (Grecs) en 600 av. J.-C.

4 Que peut déduire un archéologue lorsqu'il découvre un fragment de vase grec, comme celui-ci, à Marseille ?

« À l'époque du roi Tarquin, des jeunes gens phocéens, venant de l'Est [...] fondèrent Marseille, entre les Ligures[1] et les peuplades sauvages de Gaulois [...] »

Justin (IIIe siècle), *Abrégé des histoires philippiques de Trogue Pompée*, livre XLIII, IIIe siècle après J.-C.

1. Tribu qui habitait le sud-est de la Gaule.

Fragment d'un vase grec retrouvé à Marseille, VIe siècle avant J.-C.

À retenir

Au début de **l'Antiquité**, le territoire de **la Gaule** est occupé par des **peuples installés depuis la préhistoire**. À partir du VIIe siècle avant J.-C., les **Celtes se mêlent à ces populations**. Appelés plus tard **« Gaulois »** par les Romains, ils sont organisés en **tribus**. Dans le sud, des Grecs créent **Massalia**, actuelle ville de Marseille.

VOCABULAIRE

Antiquité : première période historique après la préhistoire.

Tribu : population qui a la même langue, la même religion, le même chef.

La société gauloise

Doc 1 Une société hiérarchisée

Chaque tribu est placée sous l'autorité d'un chef. Les cavaliers forment l'élite militaire gauloise. Le pouvoir religieux et la justice sont confiés aux **druides**.

1 Observe le dessin et indique quel est le rôle de chacun dans la société gauloise.

Doc 2 La place des femmes

Dans la **noblesse** gauloise, la femme est presque l'égale des hommes. Elle enseigne parfois l'art militaire et peut diriger un royaume.

2 Qu'est-ce qui indique que les femmes peuvent exercer des fonctions importantes ?

« Les Gaulois ont conservé l'habitude de discuter des sujets touchant à la guerre et à la paix en compagnie de leurs femmes et de demander l'arbitrage[1] de celles-ci dans les contestations qui s'élèvent entre eux et leurs alliés. »

D'après Plutarque, historien romain, *Vertus des femmes* in Victor Bétolaud, *Œuvres morales*, 1870.

1. Règlement d'un désaccord.

Cernunnos, dieu des animaux, Ier siècle avant J.-C.

Taranis, dieu du Ciel et du Tonnerre, Ier siècle avant J.-C.

Doc 3 Les dieux gaulois

Les Gaulois vénèrent de nombreuses divinités qui personnifient les forces de la nature.

3 À quoi vois-tu que Cernunnos est le dieu des animaux ?

4 Fais une recherche sur Taranis et sur les objets avec lesquels il est habituellement représenté.

«Les druides s'occupent des choses divines, président aux sacrifices et règlent les pratiques religieuses. Ils cherchent surtout à convaincre que les âmes[1] ne meurent pas mais passent après la mort, d'un corps à l'autre.»

D'après Jules César, *Guerre des Gaules*, Livre VI, 53 avant J.-C.

1. Esprit de l'homme, séparé du corps.

Doc 4 Les druides

La religion des Gaulois est mal connue car les druides transmettent leur savoir oralement. Les druides sont respectés, ils participent aux décisions importantes avec les chefs de tribus.

5 Pour Jules César, quel est le rôle des druides ?

À retenir

Chaque tribu gauloise est dirigée par un **chef-roi**. C'est une **société hiérarchisée** : les **cavaliers** font la guerre, les **druides** enseignent la religion. Dans la **noblesse** gauloise, les **femmes et les hommes ont parfois les mêmes droits.**

VOCABULAIRE

Druide : responsable religieux gaulois.

Noblesse : groupe de personnes qui, par leur naissance, bénéficient d'avantages.

Les villes et villages gaulois

Doc 1 **Le mode de vie des Gaulois**

Les activités d'élevage et d'agriculture se développent dans les villages.
Les artisans sont installés dans des bâtiments fabriqués en terre et en bois.

1. Comment un village gaulois était-il organisé ?
2. Quelles sont les activités que tu reconnais ?
3. À ton avis, pourquoi le grenier est-il construit en hauteur ?

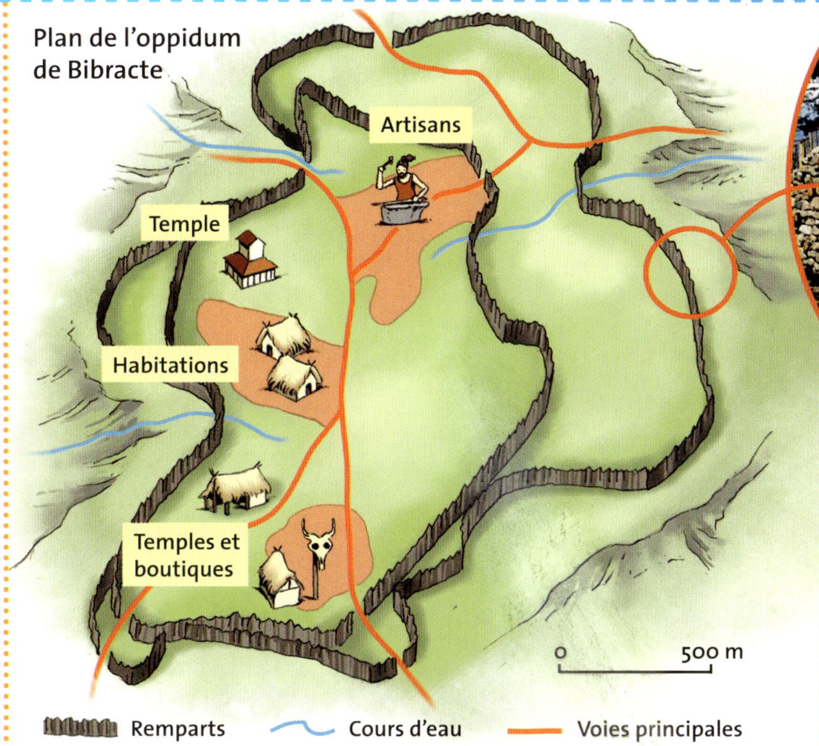

Reconstitution d'un rempart gaulois

Doc 2 L'oppidum : une ville fortifiée

Dans un **oppidum**, les différentes activités sont regroupées par quartier. C'est aussi un lieu d'échanges commerciaux.

4 À quoi vois-tu que cette ville est bien protégée ?

5 Identifie chacun des quartiers. Quel est son rôle ?

Doc 3 Le commerce

Les Gaulois multiplient les échanges avec leurs voisins. Ainsi, ce vase retrouvé en Gaule dans la tombe d'une princesse gauloise a été fabriqué en Italie du sud.

6 Pourquoi la découverte de ce vase montre que les Gaulois pratiquaient le commerce ?

Vase de Vix (Côte-d'Or), bronze, Ve siècle avant J.-C.

À retenir

Dans les villages, les Gaulois produisent ce qui est nécessaire à leur vie quotidienne. L'**oppidum regroupe les activités artisanales** et **commerciales par quartiers**. Ces villes sont protégées par des **remparts**, les Gaulois y pratiquent le **négoce** de produits venant de **régions lointaines**.

VOCABULAIRE

Négoce : commerce.

Oppidum : ville gauloise fortifiée.

Doc 1 La poterie

Les potiers gaulois utilisent la technique du tour à partir du IIe siècle avant J.-C. pour fabriquer toutes sortes de poteries. Celles-ci sont utilisées comme ustensiles de cuisine, vaisselle ou récipients pour conserver les aliments.

1 Décris le fonctionnement du tour.

2 Compare ces vases avec le vase néolithique du Doc 1 page 22.

Poteries, vers 100 avant J.-C.

Tour de potier gaulois actionné à l'aide d'un bâton

Bijou-enseigne retrouvé à Soulac (Gironde), laiton, Ier siècle avant J.-C.

Doc 2 L'orfèvrerie

Cet objet est probablement l'enseigne d'une tribu ou un étendard de guerre. Il témoigne de l'habileté des **orfèvres** et des forgerons gaulois qui maîtrisent le travail de l'or, du bronze et du fer.

3 Quel est l'animal représenté sur cette enseigne ?

4 Quels détails montrent l'habileté des forgerons gaulois ?

Moissonneuse gauloise, bas-relief retrouvé à Trèves en Allemagne

Doc 3 Des outils pour cultiver

Les Gaulois cultivent le blé, l'avoine, l'orge, le millet mais aussi les pois ou les fèves.
Pour cela, ils utilisent des outils comme la moissonneuse ou la **charrue** ainsi que des engrais (fumier) pour améliorer la production.

5 À quoi une moissonneuse sert-elle ? Comment fonctionne celle représentée sur ce bas-relief ?

Doc 4 L'élevage

Les animaux d'élevage sont plus petits que ceux d'aujourd'hui. Ils servent de nourriture. Leur peau et leurs os sont utilisés pour fabriquer des vêtements, des outils, des bijoux... Ils sont aussi des objets de sacrifice.

6 À ton avis, quelles sont les « viandes diverses » dont se nourrissent les Gaulois ?

« [Les Gaulois] se nourrissent de lait, de viandes diverses, mais surtout de porc, frais ou salé. [...] La grande quantité de bétail, surtout de moutons et de porcs, qu'ils possèdent explique comment ils peuvent approvisionner si abondamment [...] de salaisons[1] non seulement Rome, mais la plupart des autres marchés de l'Italie. »

Strabon, géographe grec,
58 avant J.-C./21 après J.-C.

1. Conserves de nourriture dans le sel.

À retenir

L'artisanat gaulois est très développé : les **orfèvres**, les **potiers**, les forgerons fabriquent de nombreux objets. Les Gaulois sont aussi de **grands agriculteurs** qui utilisent des **outils perfectionnés** (**charrue**, moissonneuse) leur permettant d'obtenir des productions variées.

VOCABULAIRE

Charrue : outil métallique permettant de labourer la terre.

Orfèvre : artisan qui fabrique des objets en métaux précieux.

Atelier

Réalise une poterie gauloise

À la découverte des poteries

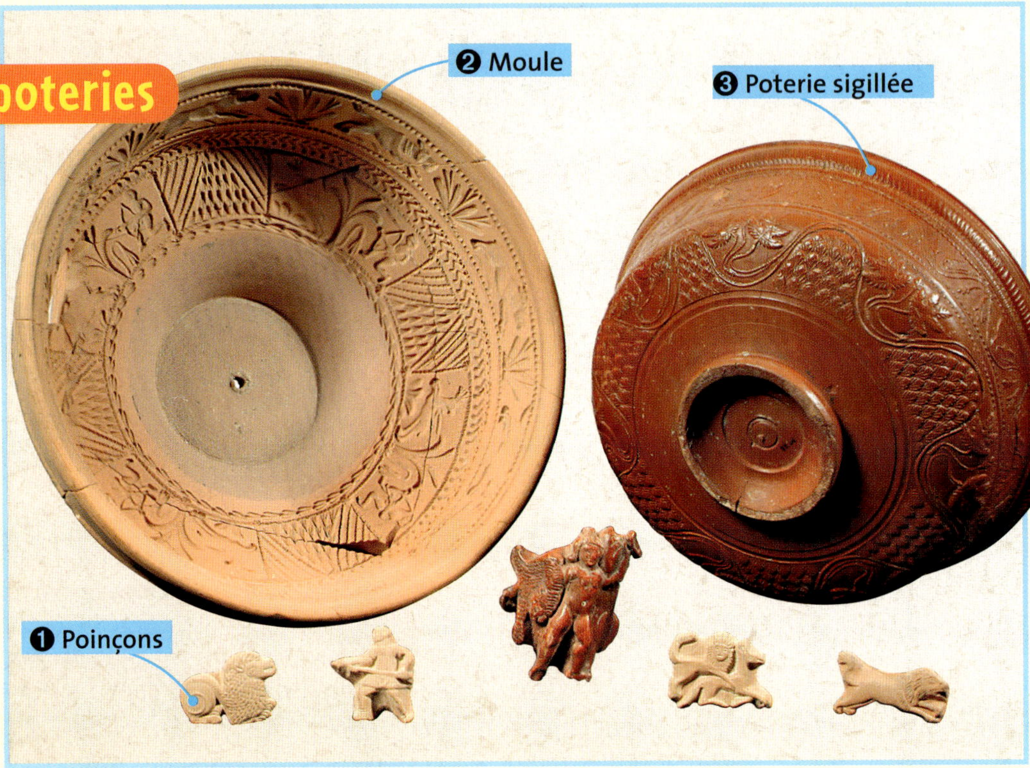

Les poteries sigillées

À partir du Ier siècle après J.-C., des poteries caractérisées par leur couleur rouge brillante et décorées de motifs en relief sont produites en grande quantité dans le sud de la Gaule et vendues bien au-delà. Signées par leurs créateurs, on les appelle « poteries sigillées ».

Comment fabrique-t-on des poteries sigillées ?

Tout d'abord le potier réalise un moule au tour (voir p. 32) dont il décore l'intérieur à l'aide de poinçons ❶.

Lorsque le moule est sec et cuit ❷, le véritable pot est tourné à l'intérieur du moule, l'argile prend la forme des motifs creusés par les poinçons dans le moule. Le pot est ensuite séché puis cuit ❸. Un même moule peut servir plusieurs fois.

À ton tour !

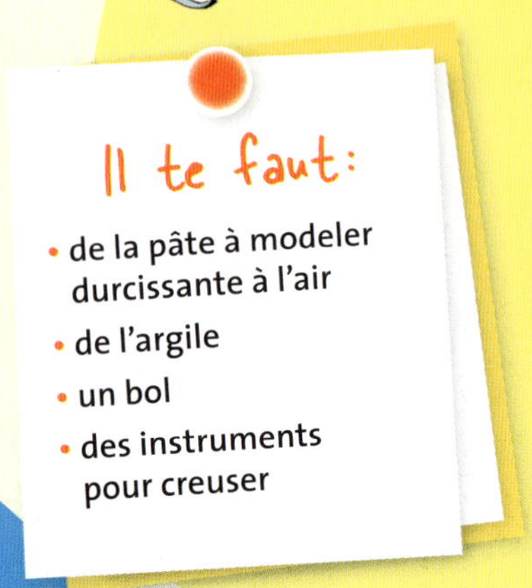

Il te faut :

- de la pâte à modeler durcissante à l'air
- de l'argile
- un bol
- des instruments pour creuser

1. Étale la pâte à modeler sur 1 cm d'épaisseur.
2. Recouvre l'intérieur d'un bol avec la pâte à modeler.
3. Creuse des motifs dans la pâte à modeler, puis laisse sécher pour obtenir un moule.
4. Plaque l'argile contre l'intérieur des parois du moule de façon à former un bol. Appuie fort pour que l'argile prenne la forme des motifs creusés dans le moule.
5. Laisse sécher puis retire l'argile : tu obtiens un bol en terre avec des reliefs comme les poteries sigillées.

4

La conquête de la Gaule

Combat entre Gaulois et Romains,
bas relief, Saint-Rémy-de-Provence,
30-20 avant J.-C.

Découvre

- **Pourquoi les Romains ont-ils décidé de conquérir la Gaule ?**
- **Comment l'armée romaine y est-elle parvenue ?**
- **Qui étaient Vercingétorix et Jules César ?**

Les origines de la conquête de

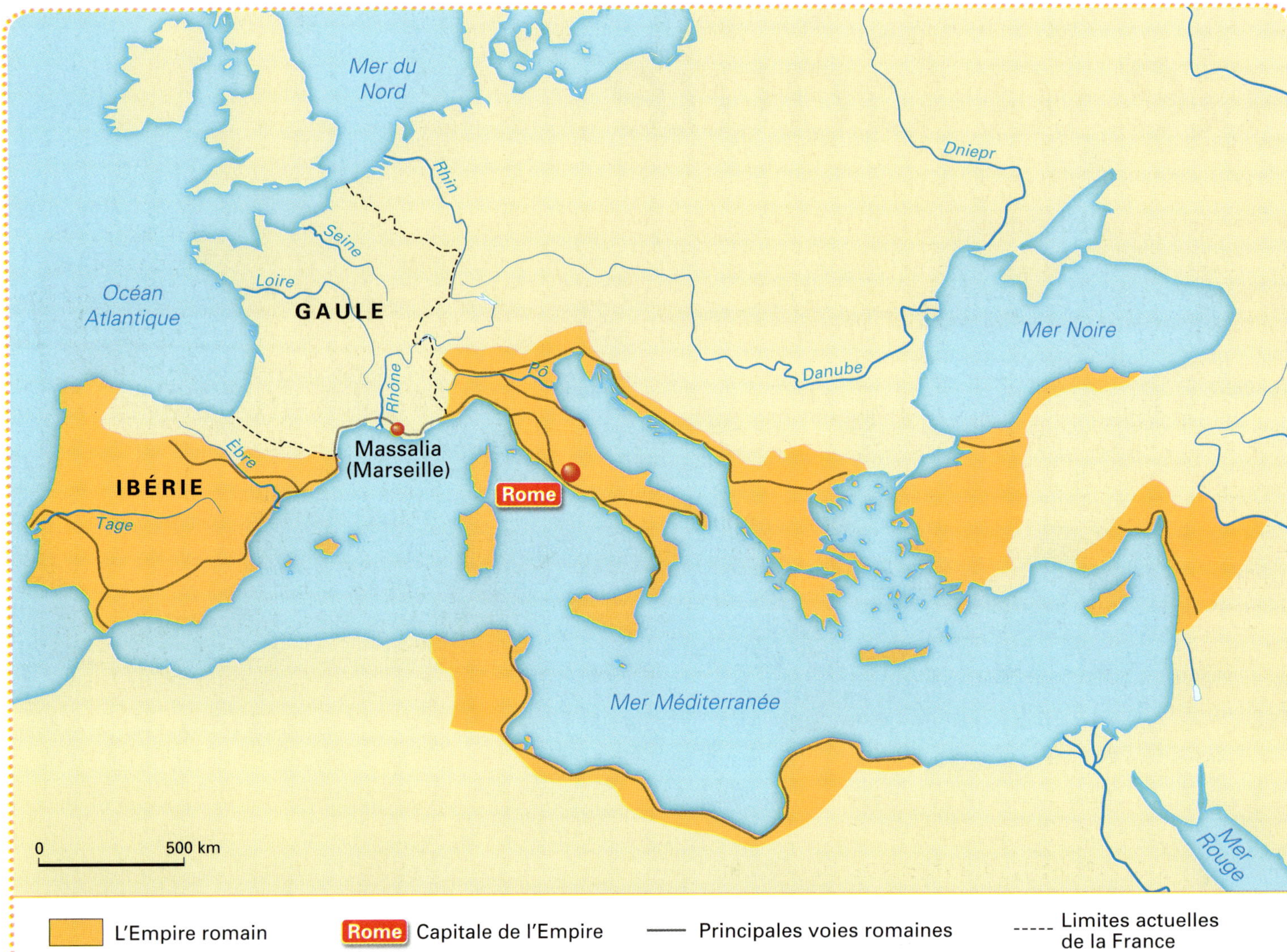

Doc 1 L'Empire romain en 125 avant J.-C.

En 125 avant J.-C., les Romains sont appelés par les habitants de Massalia (Marseille) menacés par des tribus gauloises. L'armée romaine en profite pour s'installer dans la région afin de protéger les routes menant vers leurs **provinces** en Ibérie (Espagne).

1. Lis le texte. Comment Mithriade considère-t-il les Romains ?

2. Pourquoi les Romains s'installent-ils dans la région de Massalia ?

« Les Romains n'ont jamais eu qu'une seule raison pour faire la guerre à tous les peuples, c'est un désir insatiable[1] de pouvoir et de richesses. Aucune loi divine, ni humaine, ne saurait les empêcher de piller, de détruire alliés, amis voisins ou éloignés, faibles ou puissants. »

D'après Salluste, *Lettre de Mithriade, Histoires*, vers 60 avant J.-C.

1. Jamais satisfait.

Barque gauloise,
vers 220 après J.-C.

Un char d'apparat,
VIe siècle avant J.-C.

Doc 2 La Gaule : un territoire riche

L'agriculture, l'élevage et l'artisanat gaulois sont florissants en Gaule. Le réseau routier développé, les nombreux fleuves et rivières permettent de faire circuler les marchandises. Cela fait de la Gaule un territoire convoité.

3 D'après toi, que transportent les Gaulois sur cette barque ?

4 En quelle matière ce char gaulois est-il fabriqué ?

Doc 3 La première colonie romaine en Gaule

Les Romains bâtissent la cité de Narbo (Narbonne) en 118 avant J.-C. Ils y installent une colonie et créent la province de la Narbonnaise. Le sud de la Gaule passe définitivement sous le contrôle de Rome.

5 Pourquoi la ville de Narbo a-t-elle été créée ?

6 Quel rôle les habitants de Massalia ont-ils joué ?

« Dans la province, nous avons la ville de Narbo, colonie formée de nos citoyens, qui nous sert de citadelle et de forteresse pour observer les nations voisines et les contrôler. Nous y avons encore la ville de Massalia, peuplée d'alliés courageux et fidèles qui, en fournissant des troupes et des armes, nous ont aidés dans les guerres contre les Gaulois. »

D'après Cicéron, *Pro Fonteio*, 69 avant J.-C.

À retenir

En 125 avant J.-C., les **Romains** ont conquis une **large partie du bassin méditerranéen**. Appelés à l'aide par les habitants de **Massalia** pour régler un conflit, ils s'y installent. En 118 avant J.-C., les Romains créent la **Narbonnaise**, première province romaine en Gaule. Attirés par la **richesse** et la **prospérité du territoire**, ils commencent la **conquête de la Gaule**.

VOCABULAIRE

Province : région contrôlée par un État.

Romains : population originaire de Rome.

L'armée romaine

Soldats romains, bas-relief, IIe siècle avant J.-C.

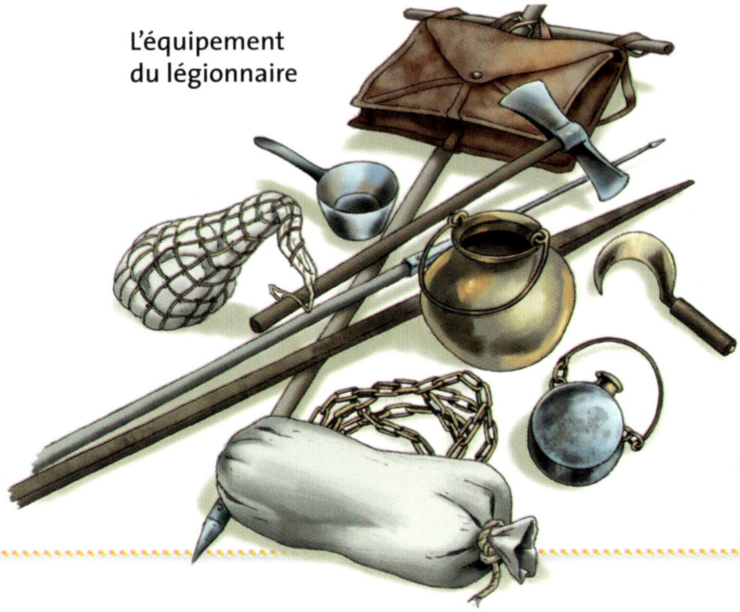

Doc 1 Le légionnaire romain

L'armée romaine est organisée en « **légions** » composées chacune de 4 000 à 6 000 **légionnaires**. Il y a des cavaliers et des soldats à pied, qui combattent à l'épée ou avec de longs javelots.

1 En observant le bas-relief et le dessin, dresse la liste de l'équipement d'un soldat romain.

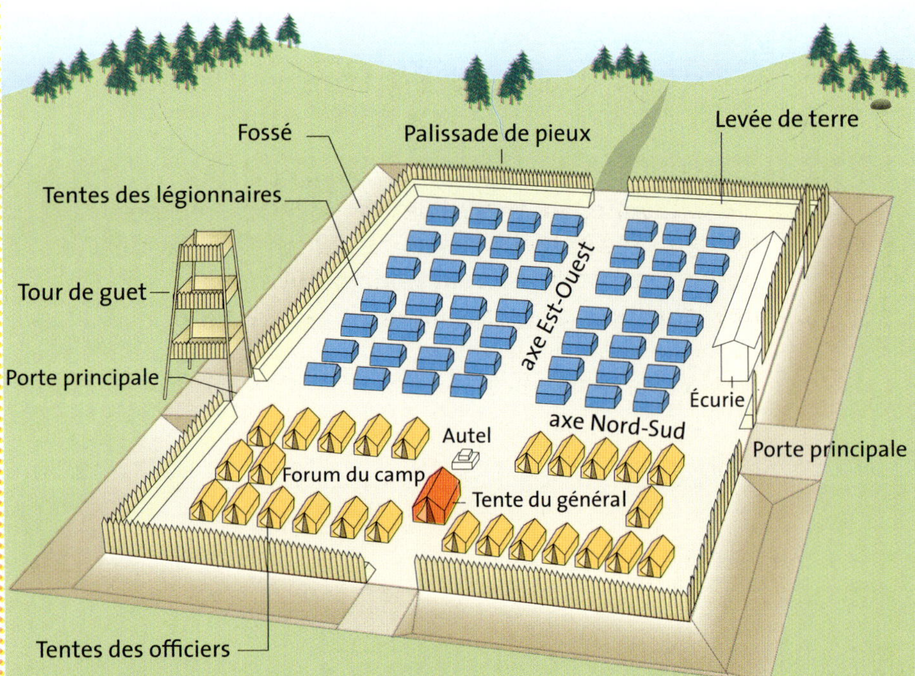

Exemple de camp romain

« Le dessin formé par l'ensemble du camp ressemble à un plan de rues. On réserve toujours pour la tente du général l'endroit où l'on peut le mieux observer tout ce qui se passe alentour. »

D'après Polybe, *Histoire*, IIe siècle avant J.-C.

Doc 2 Une armée organisée

Pour installer leur camp, les légionnaires dégagent un terrain plat et coupent les arbres alentour pour construire une palissade de protection. Si nécessaire, les légionnaires utilisent les longs piquets qu'ils transportent.

2 D'après le dessin et le texte, comment les camps romains sont-ils organisés ?

Doc 3 Des techniques militaires

La formation en **tortue** est une manœuvre utilisée par les légionnaires pour approcher l'ennemi en se protégeant des projectiles.

3 Comment les soldats romains peuvent-ils s'approcher facilement de la muraille ?

La tortue, gravure de Robert Spallart, 1810

Catapulte romaine, gravure, XIXe siècle

Doc 4 Des machines de guerre

L'armée romaine dispose de machines de guerre : des catapultes pour ouvrir les murailles, des béliers qui servent à défoncer les portes, des tours sur roues pour s'approcher des murs ennemis et aussi des échelles et des grappins pour les escalader.

4 Quels avantages procure ce type de machines de guerre ?

5 Décris le fonctionnement de cette machine.

À retenir

L'armée romaine est constituée de **légions très organisées**. Elle dispose de **machines de guerre**, comme la **catapulte** ou le bélier, et de techniques militaires efficaces, comme la **tortue**. Les **légionnaires** sont des soldats disciplinés capables de construire rapidement leur campement.

VOCABULAIRE

Légion : corps d'armée romain composé de soldats à pied et de cavaliers.

Légionnaire : soldat de l'armée romaine.

Tortue : formation de soldats protégés par des boucliers levés.

César et Vercingétorix

Statue en marbre de Jules César, Ier siècle avant J.-C.

Doc 1 Jules César, général romain

En 52 avant J.-C., Jules César est général et consul de la République romaine. Il a dirigé la conquête de la Gaule (58 à 51 avant J.-C.) qu'il a racontée dans un livre : *La Guerre des Gaules*.

1. Décris la tenue de Jules César.
2. Que traduit son attitude ?

Doc 2 Jules César, maître de l'Empire romain

Après sa victoire en Gaule qui lui procure richesse et gloire, Jules César poursuit ses conquêtes. En 45 avant J.-C., il est proclamé « **dictateur** à vie », mais victime d'un complot, il est assassiné au Sénat en 44 avant J.-C.

3. Observe les personnages. Où se trouve César ?
4. Quelle est l'attitude de ceux qui l'entourent ? Comment la foule, à droite du tableau, réagit-elle ?

Mort de Jules César, tableau de Vincenzo Camuccini, 1804

Doc 3 Vercingétorix, chef gaulois

Vercingétorix est un jeune chef de la tribu des Arvernes. Il prend la tête de la révolte gauloise contre l'armée romaine menée par le général Jules César.

5 Qu'évoque l'attitude de Vercingétorix sur ce dessin ?

« Les Romains avaient le désavantage du lieu et du nombre ; fatigués de leur course et de la durée du combat, ils ne se soutenaient plus qu'avec peine contre des troupes fraîches et sans blessures. »

Jules César, *Commentaires sur la Guerre des Gaules*, vers 52-51 avant J.-C.

Doc 4 Les batailles de Gergovie et d'Alésia

Vercingétorix, après avoir repoussé les Romains à Gergovie, est vaincu à Alésia en 52 avant J.-C. Cette défaite gauloise permet à César de poursuivre la conquête de la Gaule.

6 Comment Jules César justifie-t-il sa défaite à Gergovie ?

À retenir

Jules César est le **vainqueur de la guerre des Gaules**. Profitant du prestige de sa victoire et d'autres conquêtes, il devient le maître du monde romain en 45 avant J.-C. **Vercingétorix est un chef de tribu gaulois** entré dans la légende grâce aux batailles de **Gergovie**, qu'il a gagnée, et **d'Alésia**, qu'il a perdue.

VOCABULAIRE

Dictateur : homme politique qui gouverne seul et sans limites.

La bataille d'Alésia

Doc 1 Le siège d'Alésia

Tout commence dans l'oppidum d'Alésia, où Vercingétorix et ses hommes se réfugient après une défaite face aux légions romaines. Assiégés par les Romains, ils ne peuvent plus sortir.

1 Décris tous les pièges et obstacles placés par l'armée romaine pour empêcher les Gaulois de sortir.

Doc 2 L'armée gauloise

L'armée gauloise est désorganisée et moins bien équipée que les légions romaines. Les troupes de renfort, arrivées tardivement, se heurtent aux défenses des Romains autour d'Alésia.

2 Compare cet équipement avec celui des Romains (Doc 1, page 38).

3 Pourquoi l'armée de renfort ne peut-elle aider Vercingétorix et ses troupes ?

Équipement militaire gaulois

Vercingétorix jette ses armes aux pieds de César, tableau de Lionel Royer, 1899

« Les assiégés, après s'être donné bien du mal et en avoir donné beaucoup à César, finirent par se rendre. Vercingétorix fit parer son cheval, prit ses plus belles armes et sortit ainsi de la ville. Puis, il mit pied à terre, jeta toutes ses armes et alla s'asseoir aux pieds de César. »

D'après Plutarque, *Vie de César*, vers 100 ap. J.-C.

Doc 3 L'issue de la bataille

4 Comment le peintre a-t-il représenté Vercingétorix sur ce tableau ?

5 À ton avis, cette scène représente-t-elle la vérité historique ? Justifie ta réponse.

À retenir

En 52 avant J.-C., les Gaulois subissent un **siège** de six semaines à Alésia. Affamés, ils finissent par se rendre. Cette défaite marque la **fin de la guerre des Gaules** et consacre la **victoire des Romains** qui deviennent **maîtres de la Gaule** l'année suivante en 51 avant J.-C.

VOCABULAIRE

Siège : encerclement d'un lieu par une armée pour empêcher le ravitaillement.

Atelier

Dessine un Gaulois à partir d'un texte historique

À la découverte des Gaulois

« Les Gaulois sont de haute taille, leur chair est flasque et blanche : leurs cheveux sont non seulement blonds par nature, mais ils s'appliquent encore à les éclaircir en les lavant continuellement à l'eau de chaux [...]. Certains se rasent la barbe, d'autres la laissent pousser modérément. Les nobles tiennent leurs joues nues, mais portent des moustaches longues et pendantes au point qu'elles leur couvrent la bouche. Ils se vêtent d'habits étonnants, de tuniques teintes de toutes les couleurs, et des pantalons qu'ils appellent braies [...]. »

D'après Diodore de Sicile, historien grec du Ier siècle avant J.-C.

Les outils de l'historien

Pour connaître et comprendre le passé, les historiens utilisent les « traces » laissées par les hommes. Ce sont des objets de la vie courante, des œuvres d'art, des bâtiments ou, depuis l'invention de l'écriture, des textes, comme celui-ci.

Les traces écrites

Les historiens s'appuient sur toutes sortes de documents : documents officiels (contrats de mariage, lois, etc.), récits, journaux, écrits de la vie courante (lettres, factures, etc.).

À ton tour !

Il te faut :

- plusieurs feuilles de papier
- des crayons de couleur

1. Qui a écrit ce texte ?
2. De quand date-t-il ?
3. Que t'apprend-il sur le physique des Gaulois ?
4. À partir de ces informations, dessine un guerrier gaulois.

La Gaule romaine

5

Une mosaïque gallo-romaine, Ier siècle avant J.-C.

DÉCOUVRE

- **Comment la conquête romaine a-t-elle transformé la Gaule ?**
- **Comment les Gallo-Romains vivaient-ils ?**
- **Que reste-t-il aujourd'hui de la Gaule romaine ?**

Les villes gallo-romaines

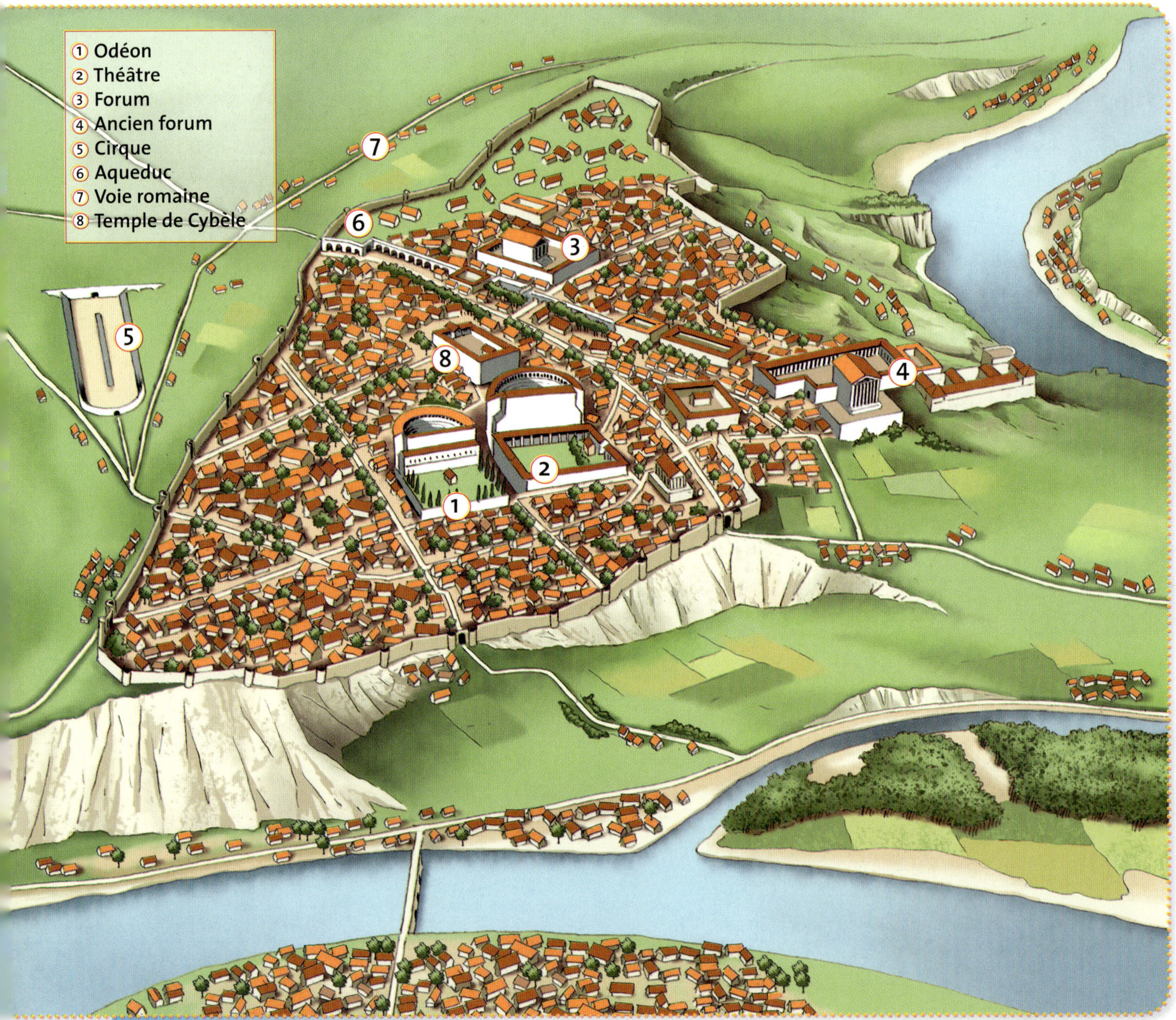

Doc 1 Lugdunum, capitale des Gaules

Les Romains bâtissent des villes sur le modèle de Rome, comme ici à Lugdunum (Lyon). Les rues, souvent pavées, relient les plus grands bâtiments entre eux. Le **forum** est la place principale où se discutent les affaires publiques. C'est là que se déroulent aussi les cérémonies officielles.

1. Comment la ville est-elle protégée ?
2. Quelle est la fonction des principaux bâtiments numérotés ?

Doc 2
La construction d'un aqueduc

Pour faire venir l'eau dans les villes, les Romains construisent des **aqueducs**. Ils alimentent notamment les citernes et établissements de bains publics, appelés « thermes ».

3 Dans quelle partie de l'aqueduc l'eau circule-t-elle ?

Pont-aqueduc d'Ansignan, IIIe siècle après J.-C.

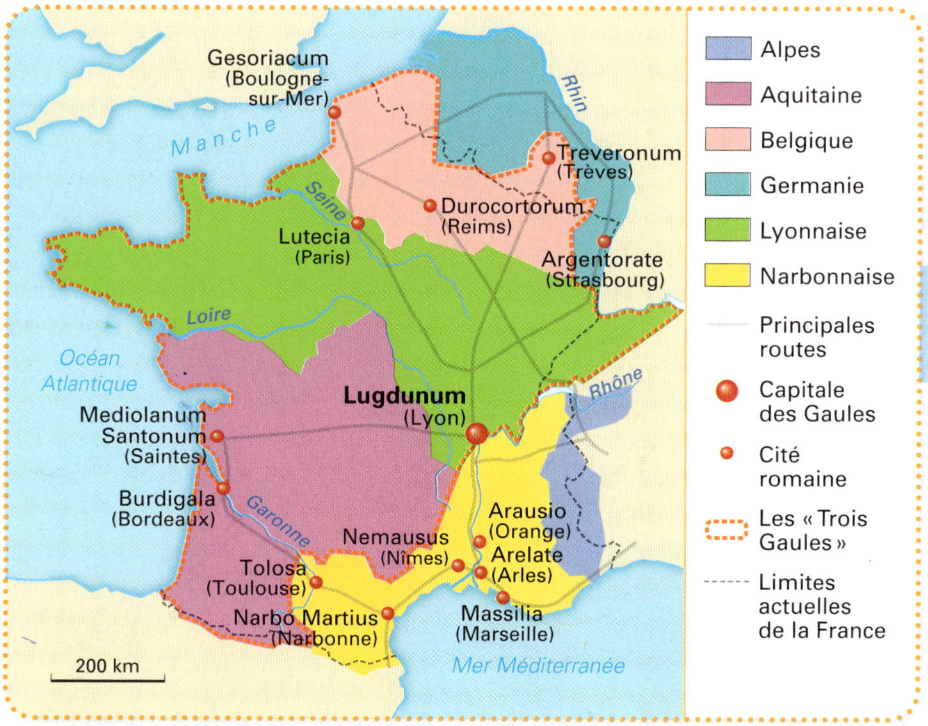

Doc 3 La Gaule au IIIe siècle après J.-C.

La construction de cités romaines dans toutes les provinces est un des moyens de la **romanisation** de la Gaule.

4 Que sont les « Trois Gaules » ?

5 Quel est le nom de la capitale des Gaules ?

À retenir

La **romanisation** de la Gaule passe par le **développement de villes,** reliées par des **routes**. Chaque ville s'organise autour du **forum** et compte des bâtiments destinés aux **cérémonies officielles,** aux **spectacles** ou à la **religion**. Des **aqueducs** alimentent en eau les fontaines et les thermes.

VOCABULAIRE

Aqueduc : canal qui capte et conduit l'eau d'un lieu à un autre.

Forum : place principale d'une ville gallo-romaine.

Romanisation : adoption du latin et de la culture romaine.

La vie des Gallo-Romains

Doc 1 **Une villa gallo-romaine**

Les **villas gallo-romaines** sont de grands domaines agricoles. Elles produisent essentiellement des céréales et du vin.

1 Où ces villas étaient-elles situées ?

2 Quels types d'activités y pratiquait-on ?

Pièce de monnaie en or avec inscriptions en latin, règne de l'empereur Trajan (98-117)

Doc 2 **La monnaie et la langue**

Les Gallo-Romains adoptent la langue des Romains, le latin, ainsi que le système de monnaie romaine.

3 Pourquoi l'empereur de Rome est-il représenté sur cette pièce qui circule en Gaule ?

L'amphithéâtre de Nîmes, Ier siècle après J.-C.

Doc 3 Les loisirs gallo-romains

Les Gallo-Romains viennent dans les amphithéâtres pour assister à des combats de gladiateurs, d'animaux ou à des reconstitutions de chasse.

4 Décris l'architecture de cet amphithéâtre.

Doc 4 L'Édit de Caracalla

En 212, l'empereur Auguste donne la **citoyenneté romaine** à tous les habitants libres de l'Empire.

5 Qu'est-ce que le « droit de cité » donné par Auguste ?

« Je donne donc à tous ceux qui habitent l'Empire le droit de cité romaine. Il se doit en effet que la multitude[1] soit associée aux charges qui pèsent sur tous. Elle profitera désormais aussi des fruits de la victoire. »

D'après l'empereur Auguste, aussi appelé « Caracalla », 212 après J.-C.

1. Auguste évoque les habitants libres des provinces colonisées par Rome.

Couple gallo-romain

À retenir

Après la **conquête romaine**, la Gaule connaît **trois siècles de paix**. Les Gaulois adoptent le **mode de vie des Romains**, comme en témoignent la construction de **villas** et **d'amphithéâtres** ou l'utilisation du **latin**. En 212 après J.-C., les Gaulois accèdent même à la **citoyenneté romaine**.

VOCABULAIRE

Citoyenneté romaine : fait d'appartenir à la communauté romaine.

Villa gallo-romaine : grande exploitation agricole bâtie suivant le modèle romain.

La religion gallo-romaine

Statuettes en bronze provenant de Mâlain (Côte-d'Or), IIe siècle

Doc 1 Sirona, déesse gauloise et Apollon, dieu romain

Dans la religion gallo-romaine, Apollon, vénéré en Gaule comme dieu guérisseur, est souvent associé à Sirona, déesse gauloise de la santé et de la prospérité.

1 Explique en quoi ces statuettes montrent que les Gaulois n'ont pas totalement abandonné leur religion.

Doc 2 Des lieux de culte inspirés des sanctuaires gaulois

Les cérémonies religieuses se déroulent dans des petits temples dont le plan rappelle celui des sanctuaires gaulois.

2 Quelle est la partie du bâtiment qui n'a pas résisté au temps ? Pourquoi ?

Vestige du temple gallo-romain de Janus à Autun (Saône-et-Loire), Ier siècle avant J.-C.

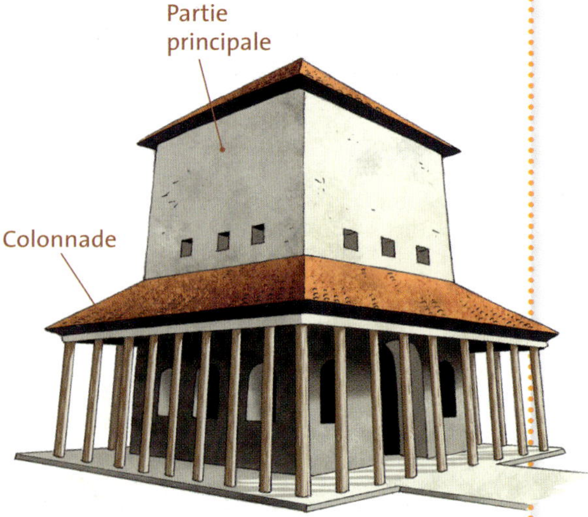

Reconstitution du temple

Temple gallo-romain dédié à l'empereur Auguste et à son épouse, Livie, à Vienne (Isère), Ier siècle avant J.-C.

Doc 3 Le culte impérial

Pour les Romains, l'empereur est un dieu. Des temples lui sont consacrés partout en Gaule et les Gallo-Romains doivent le vénérer.

3. Décris ce bâtiment.

4. Ce temple ressemble-t-il à celui du Doc 2 ? Justifie ta réponse.

Doc 4 Le culte des morts

De nombreuses **stèles funéraires** ont été retrouvées sur les sites des nécropoles.

5. Qui est représenté sur cette stèle ?

6. Cherche ce qu'est une nécropole.

Stèle funéraire sur laquelle est écrit : « Aux dieux Mânes, le père de Laetus [a élevé ce monument] », fin du Ier siècle après J.-C.

À retenir

Les Gallo-Romains sont **polythéistes** : après la conquête, les Gaulois adoptent les **pratiques religieuses romaines** et conservent certains de leurs dieux. Ils pratiquent le **culte impérial dans des temples.** Le **culte des morts** tient aussi une place importante.

VOCABULAIRE

Polythéiste : qui croit en plusieurs dieux.

Stèle funéraire : pierre posée sur une tombe indiquant le nom de la personne enterrée.

La christianisation du monde

Doc 1 L'Empire romain à l'époque de Jésus-Christ (Ier siècle)

C'est en Palestine, dans la partie la plus orientale de l'Empire romain, qu'est né et a vécu Jésus-Christ, le fondateur de la religion **chrétienne**.

1. Où se trouve la Palestine par rapport à Rome ?
2. Compare l'étendue de l'Empire romain sur cette carte et sur celle du Doc 1 page 36.

Doc 2 La vie de Jésus

Jésus se proclame fils de Dieu, il commande aux hommes, tous égaux entre eux, de s'aimer les uns les autres. Il leur promet une vie éternelle après la mort. Sa vie et son enseignement sont racontés dans des livres écrits après sa mort : les Évangiles.

3. Que prêchait Jésus ?
4. Cherche dans le texte deux mots qui indiquent comment il est mort.

« À cette époque-là, il y eut un homme sage nommé Jésus dont la conduite était bonne [...]. Et beaucoup de Juifs et d'autres peuples se firent ses disciples[1]. Et le gouverneur romain, Pilate, le condamna à être crucifié et à mourir. Mais ceux qui étaient ses disciples prêchèrent[2] sa doctrine. Ils racontent qu'il leur apparut trois jours après sa crucifixion et qu'il était vivant [...]. »

D'après Flavius-Josèphe, historien juif du Ier siècle après J.-C., *Antiquités judaïques*, vers 93-94.

1. Ceux qui ont suivi Jésus et adopté ses principes.
2. Enseigner la parole de Dieu.

Martyre de saint Étienne, enluminure, fin du XIVe siècle

Doc 3 Les premiers chrétiens persécutés

Les premiers chrétiens qui essaient de convertir de nouveaux adeptes à leur **foi** sont martyrisés dans tout l'empire romain, notamment en Gaule romaine.

5 Comment et pourquoi saint Étienne a-t-il été persécuté ?

6 Cherche à quelle époque saint Étienne a vécu, la date de sa mort et la ville où il a été martyrisé.

Doc 4 La religion chrétienne autorisée

« Nous avons décidé [...] de permettre dorénavant à tous ceux qui ont la détermination d'observer la religion des chrétiens de le faire librement et complètement, sans être inquiétés ni molestés[1] [...] Ce qui a dicté notre action, c'est la volonté de ne point paraître avoir apporté la moindre restriction à aucun culte ni à aucune religion. »

Lettre écrite par les empereurs romains Constantin et Licinius en 313.

1. Maltraités physiquement.

Après avoir été autorisée par Constantin, la religion chrétienne se répand dans toute la Gaule. Elle devient la religion officielle de l'empire romain en 380.

7 Que décident les empereurs Constantin et Licinius en 313 ?

À retenir

Au Ier siècle, Jésus prêche une **nouvelle religion monothéiste** en Palestine : le **christianisme**. Elle se répand dans tout l'Empire romain, notamment en Gaule où les premiers **chrétiens** sont persécutés. Finalement autorisé, le christianisme devient la **religion officielle de l'Empire romain en 380.**

VOCABULAIRE

Chrétien : qui croit en Jésus-Christ.

Foi : croyance en un Dieu.

Monothéiste : qui croit en un seul Dieu.

La fin de l'Empire romain

Doc 1 Les invasions barbares

1 Quels peuples barbares ont envahi la Gaule romaine ?

2 Décris la progression de l'invasion des Vandales.

Doc 2 La violence des Huns

3 À quoi l'auteur compare-t-il les attaques barbares ? Cite deux mots du texte pour illustrer ta réponse.

« Le bruit s'est répandu parmi les populations de la soudaine apparition d'une race d'hommes inconnue, étrange, qui s'abat comme l'ouragan du sommet des montagnes et toujours anéantit tout ce qui se trouve sous ses pas: les Huns. Il dépassent en férocité et en barbarie tout ce que l'on peut imaginer. Ils vivent comme des animaux, ils ne font cuire ni n'assaisonnent leurs aliments, vivant de racines sauvages et de viande attendrie sous leurs selles. »

D'après Ammien Marcellin, *Histoires*, fin du IVe siècle.

Attila, roi des Huns, détail d'une fresque d'Eugène Delacroix, XIXe siècle

Dioclétien, empereur d'Orient, et Maximien, empereur d'Occident, sculpture, IIIe siècle

Doc 3 La division de l'Empire romain

En 286, pour résister aux attaques barbares, l'empereur Dioclétien partage son empire en deux pour en faciliter la défense : il confie la partie occidentale au général Maximien. Chaque empire a ainsi son empereur et sa capitale.

4 Que symbolisent ces deux personnages ?

5 À ton avis, que représente la boule qu'ils tiennent dans leur main ?

Doc 4 La Gaule en 476

Après la chute de l'Empire romain d'Occident à la fin du Ve siècle après J.-C., de nouveaux royaumes se constituent en Gaule, dont le royaume des Francs.

6 Que reste-t-il de l'Empire romain en Gaule ?

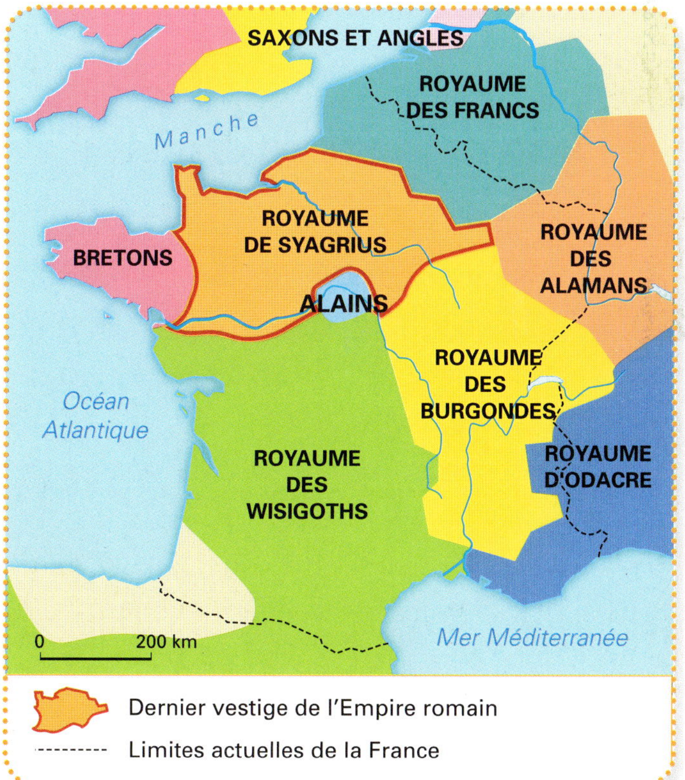

À retenir

À partir du IIIe siècle, **l'Empire romain est attaqué** par des peuples **barbares**, venus du **Nord-Est de l'Europe**. Attirés par ses richesses, ces **peuples guerriers** provoquent la **division de l'Empire** en deux : **l'Empire romain d'Orient** et **l'Empire romain d'Occident.** En **476**, ce dernier disparaît. En Gaule, un peuple barbare s'installe durablement : **les Francs.**

VOCABULAIRE

Barbare : personne étrangère à la civilisation romaine.

Atelier

Réalise une mosaïque gallo-romaine

À la découverte des mosaïques

Un mosaïste au travail

Les mosaïques gallo-romaines

Les Romains utilisaient les mosaïques pour décorer les sols ou les murs des bâtiments. La mosaïque que tu peux voir page 45 est un détail d'une œuvre beaucoup plus grande, retrouvée dans une maison gallo-romaine. Observe les dessins : il y a à la fois des formes géométriques (triangles, ronds, carrés...) et des formes figuratives comme les poissons.

Le travail du mosaïste

Le mosaïste travaille à partir de petits cubes de couleur appelés « tesselles ». Ces cubes peuvent être en terre cuite, en pierre, en marbre ou en pâte de verre. Ils sont collés directement sur la surface à décorer à l'aide de mortier (mélange de sable, d'eau et de chaux) pour former un dessin. À la fin, les tesselles sont polies pour donner un aspect lisse à la mosaïque.

À ton tour !

Il te faut :
- des crozets (petites pâtes alimentaires)
- de la colle
- de la gouache
- un carton
- un crayon à papier

1. Trace un dessin (géométrique ou figuratif) sur le carton.
2. Peins les pâtes à la gouache en choisissant les couleurs dont tu as besoin.
3. Quand les pâtes sont sèches, colle-les sur le carton en suivant les contours du dessin et en recouvrant les surfaces. Essaie de laisser le moins de place possible entre les pâtes.

Repères

Une carte, une frise
et les personnages qui résument
chaque période étudiée.

L'apparition des premiers hommes

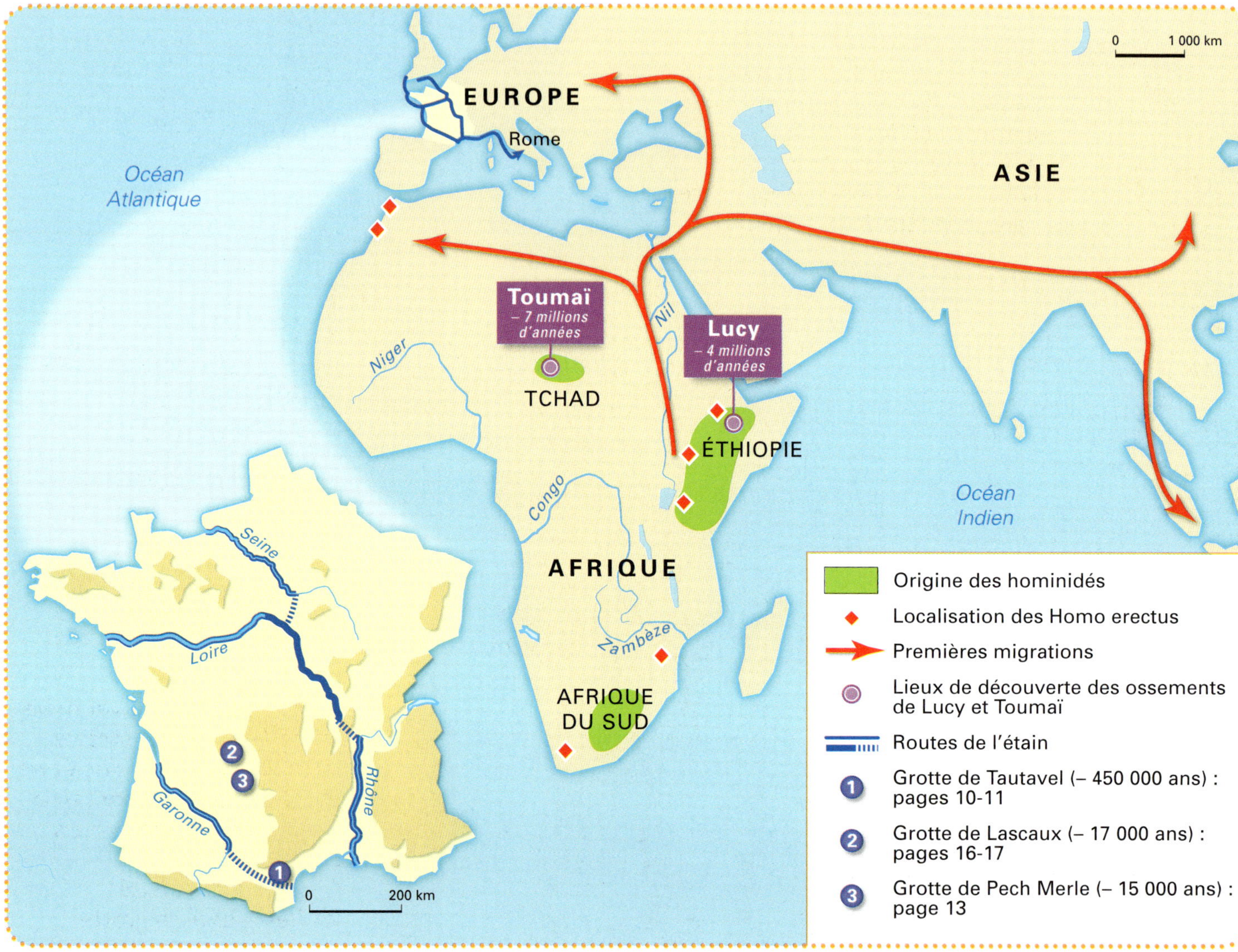

Les grandes dates de la préhistoire

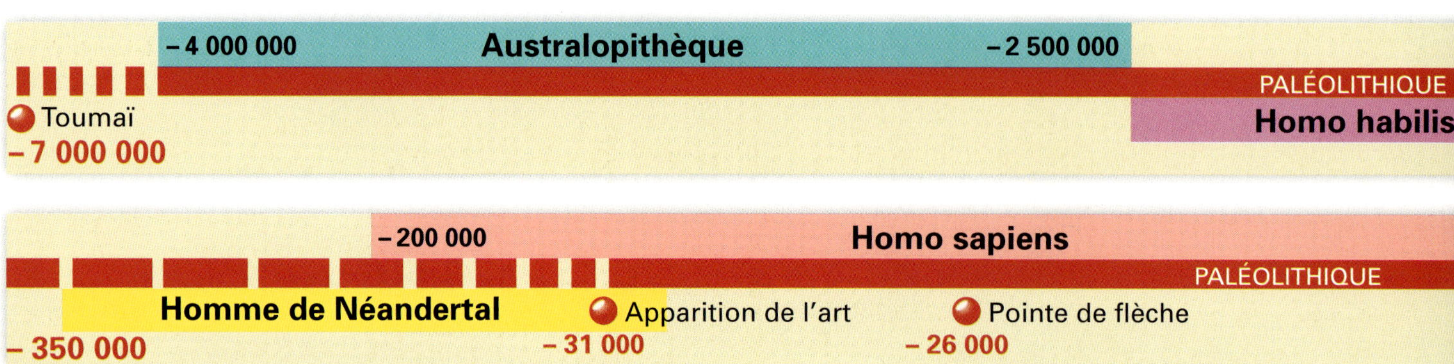

LA PRÉHISTOIRE

Les hommes préhistoriques en Europe

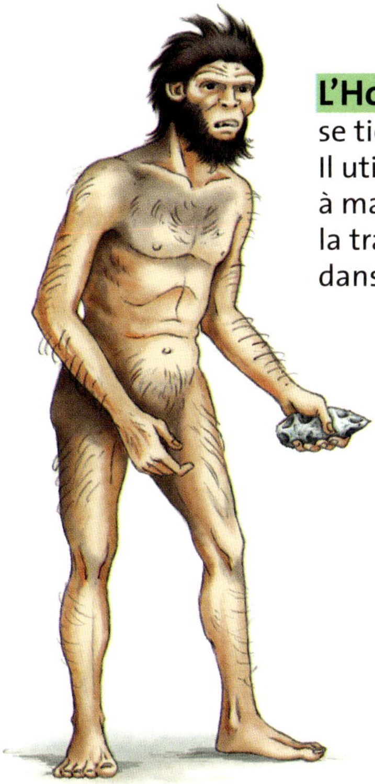

L'Homo erectus, « homme qui se tient droit », apparaît en Afrique. Il utilise le biface et a appris à maîtriser le feu. On a trouvé la trace de sa présence en France dans la grotte de Tautavel.

De – 1,5 million d'années à – 300 000 ans

L'homme de Néandertal améliore les techniques de taille de la pierre. Il est le premier à montrer un intérêt pour le sacré en enterrant ses morts.

De – 350 000 à – 30 000 ans

À partir de – 200 000 ans

L'Homo sapiens, « homme savant », est notre ancêtre direct. Il pratique l'agriculture et l'élevage. Il se sédentarise et améliore les techniques de métallurgie. C'est lui qui a réalisé les fresques de la grotte de Lascaux.

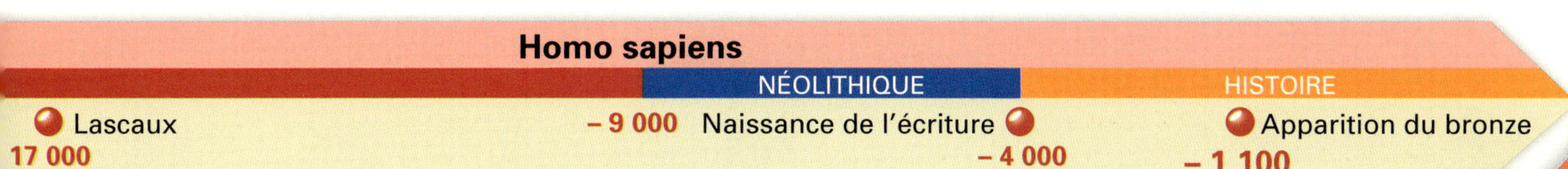

La Gaule après la conquête romaine

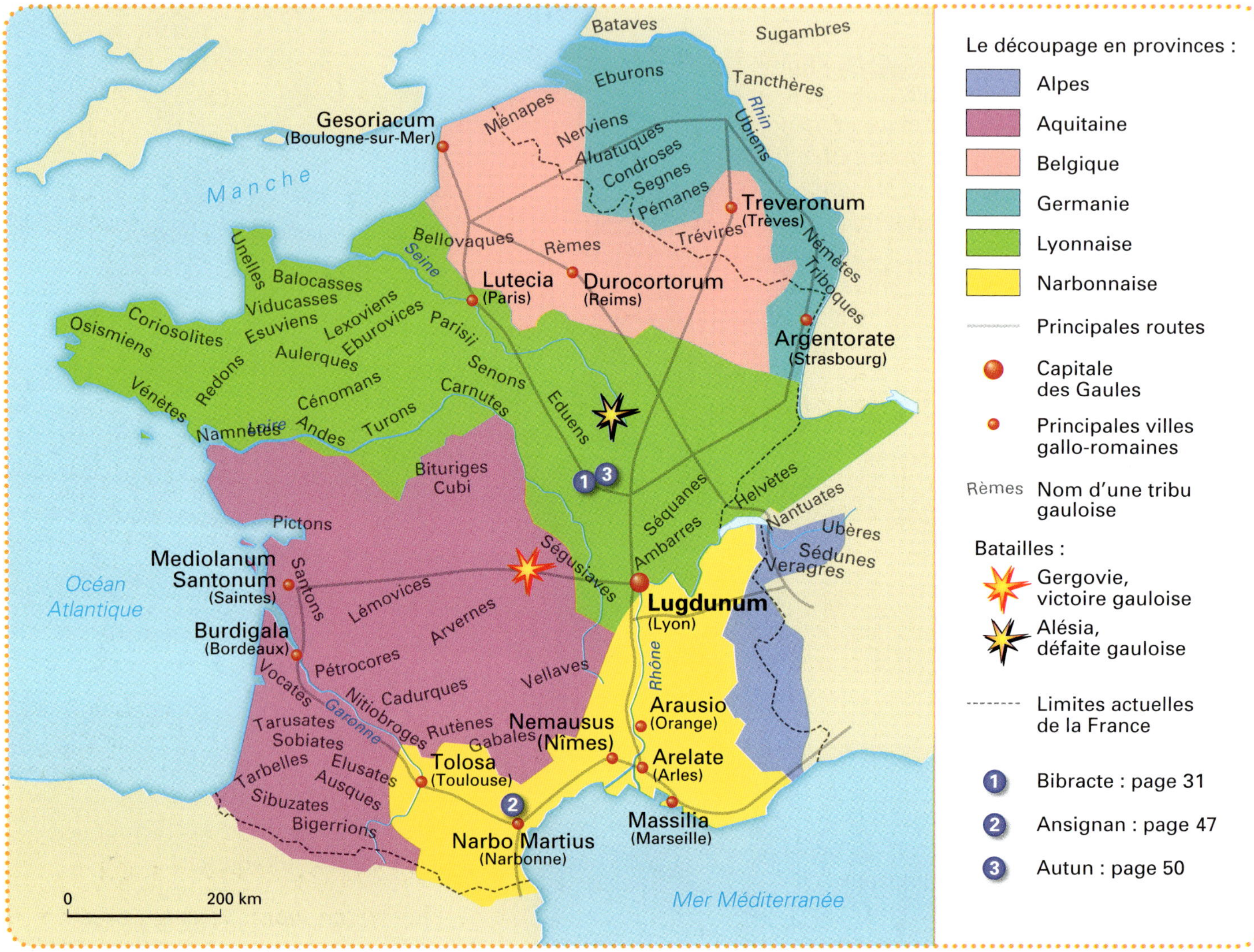

Les grandes dates de l'Antiquité

Naissance de l'écriture
–3 500/–3 200

Date légendaire de la fondation de Rome
–753

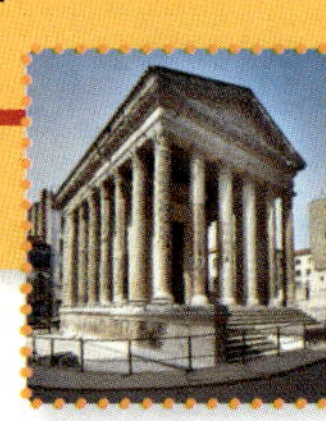

Arrivée des Celtes en Gaule
–450

L'ANTIQUITÉ

Les grands personnages de l'Antiquité

Jules César (101-44 avant J.-C.)

Général romain à la tête des légions romaines, Jules César part à la conquête de la Gaule en 58 avant J.-C. Après la victoire d'Alésia en 52 avant J.-C., la Gaule est entièrement conquise. Proclamé dictateur, il est assassiné en 44 avant J.-C.

Vercingétorix (72-46 avant J.-C.)

Le peuple arverne choisit Vercingétorix comme chef. Il combat les troupes de César, remporte une première victoire à Gergovie en 52 avant J.-C. mais il est vaincu à Alésia la même année. Fait prisonnier, il est emmené à Rome où il est exécuté en 46 avant J.-C.

LEXIQUE - INDEX

Monothéiste* : qui croit en un seul Dieu. 53

Négoce : commerce. 31

Néolithique* ou « âge de la pierre polie » : dernière période de la préhistoire qui voit la naissance de l'agriculture et des premiers villages (de 9 000 ans à environ 3 500 ans avant J.-C.). 8-9, 18-19, 22, 58-59

Noblesse : groupe de personnes qui, par leur naissance, bénéficient d'avantages. 28-29

Nomade* : qui n'a pas d'habitation fixe. 11

Oppidum : ville gauloise fortifiée. 31

Orfèvre : artisan qui fabrique des objets en métaux précieux. 33

Paléolithique* ou « âge de la pierre taillée » : première période de la préhistoire allant jusqu'à 9 000 avant J.-C. 8-9, 15, 24, 58-59

Polythéiste : qui croit en plusieurs dieux. 51

Province : région contrôlée par un État. 36-37

Racleur : instrument de musique dont le son est produit par un frottement. 14-15

Romains : population originaire de Rome. 36-37, 41, 42-43, 46-47, 49, 51

Romanisation* : adoption du latin et de la culture romaine. 47

Sédentarisation* : installation d'une population à un endroit fixe. 19

Siège : encerclement d'un lieu par une armée pour empêcher le ravitaillement. 42-43

Stèle funéraire : pierre posée sur une tombe indiquant le nom de la personne enterrée. 51

Tortue : formation de soldats protégés par des boucliers levés. 39

Tribu : population qui a la même langue, la même religion, le même chef. 41, 60

Troc : échange d'un bien contre un autre. 22-23

Vénus : représentations féminines en pierre ou en ivoire. 14-15

Villa gallo-romaine* : grande exploitation agricole bâtie suivant le modèle romain. 49

Les mots suivis d'un * sont ceux qui figurent au Bulletin officiel n° 1 du 5 janvier 2012 (ou des mots de la même famille).

CRÉDITS

Crédits photographiques

Couverture : Keystone/Explorer Archives

Couverture intérieure I : g et p. 14 : Akg-images/Erich Lessing ; mh et p. 15 : RMN-Grand Palais/Loïc Hamon ; hd et p. 22 : RMN-Grand Palais/Gérard Blot ; mb et p. 16 : AFP/Pierre Andrieu ; bd et p. 20 : RMN-Grand Palais/Jean-Gilles Berizzi ;

Couverture intérieure II : hg et p. 31 : The Picture Desk/Collection Dagli Orti ; mh et p. 55 : Scala ; hd et p. 34 : Musée de Millau ; bg et p. 37 : Musée gallo-romain, Lyon/Christian Thioc ; bd et p. 33 : Rheinisches Landesmuseum, Trèves

p. 5 : © Transparences Productions
p. 6 doc.1 : Sipa/Nature
p. 7 et 8g : MNP, Les Eyzies, Dist. RMN-Grand Palais/Philippe Jugie
p. 8m : RMN-Grand Palais/Philippe Jugie
p. 8d : RMN-Grand Palais/Jean Schormans
p. 9 : Musée de l'homme de NéLl, La Chapelle-aux-Saints
p. 10h : AFP/Raymond Roig
p. 10m : Leemage/PrismaArchivo
p. 12 : Gamma/Eric Vandeville
p. 13 : P. Cabrol © Centre de Préhistoire du Pech Merle, Cabrerets (Lot)
p. 14b : © The British Museum, Londres, Dist. RMN-Grand Palais/ The Trustees of the British Museum
p. 16h : National Geographic Stock/Sisse Brimberg
p. 17 : RMN-Grand Palais/Franck Raux
p. 18h : Akg-images/Erich Lessing
p. 18 bg : Musée Fenaille - coll. Société des letttres, sciences et arts de l'Aveyron
p. 18 bd : Leemage/Heritage Images
p. 19 : Photo12.com/Alamy/Werner Dieterich
p. 20hd : Musée Fenaille - coll. Société des lettres, sciences et arts de l'Aveyron
p. 20b : Musée Denon, Ville de Chalon-sur-Saône
p. 21g : RMN-Grand Palais/Hervé Lewandowski
p. 21d : RMN-Grand Palais/Gérard Blot
p. 23 et 60 : © The Trustees of the British Museum
p. 25 : Bridgeman Giraudon
p. 27h : Musée Alfred-Danicourt/D. de Sousa
p. 27b : Inrap, Dist. RMN-Grand Palais/Loïc de Cargouët
p. 29h : Akg-images/Erich Lessing
p. 29b : The Picture Desk/Collection Dagli Orti
p. 31h : Bibracte, cliché Antoine Maillier
p. 31b : The Picture Desk/Collection Dagli Orti
p. 32h : Romain Lauranson
p. 32b : H-P Arnaud
p. 33b : The Picture Desk/Collection Dagli Orti
p. 35 : Leemage/Aisa
p. 37h : Rheinisches Landesmuseum, Trèves
p. 38 : RMN-Grand Palais/Hervé Lewandowski
p. 39h : Leemage/Florilegius
p. 39b : Leemage/PrismaArchivo
p. 40 : Leemage/Luisa Ricciarini
p. 42h : Rea/Pierre Gleizes
p. 42b : RMN-Grand Palais/Jean Schormans
p. 43 : Leemage/Photo Josse
p. 45 : Musée gallo-romain/Christian Thioc
p. 47h et 60 : Frédéric Hédelin
p. 47b : DR
p. 48 et 61 : The Picture Desk/Collection Dagli Orti
p. 49 : photo-aérienne-France.fr/Patrice Blot
p. 50h : Leemage/Photo Josse
p. 50b : The Picture Desk/Collection Dagli Orti
p. 51h et 61 : Akg-images/De Agostini
p. 51b : Epicureans/Philippe Roy
p. 52 : The Picture Desk/Collection Dagli Orti
p. 53 : BnF Paris
p. 54 : Leemage/Photo Josse

Cartes : Jean-Pierre Crivellari

Illustrations : Alix Piot, p. 38 ; Didier Éberlé, p.10 et p. 17 (rhinocéros, renne, bison, cheval, cerf)

Les Éditions Belin et leurs auteurs remercient chaleureusement Marion et Jean-Claude Legal, Anne et Riwan Goasdoué, ainsi que Jules, Nina et Sébastien Janin.

IMPRIM'VERT®

Imprimé en France par Pollina S.A. - 85400 Luçon
N° d'édition : 006554-01 - N° d'imprimeur : L10925
Dépôt légal : janvier 2013